PAPAlapapp

Der Survival-Guide für Väter, die es besser machen wollen!

W0252190

Von Theodor Nachtigall

Inhalt

Ein neuer Lebensabschnitt beginnt!

Herzlichen Glückwunsch, bald sind Sie Papa. Es kommt eine wunderbare Zeit voller Aufregung, Veränderung und Glück auf Sie zu. Dicht dahinter folgen allerdings auch Angst, Unsicherheiten und die Sorgen vor dem Unbekannten. Werdende Väter können bei der Schwangerschaft Ihrer Partnerin ganz unterschiedlich reagieren und sehen sich verschiedenen Herausforderungen gegenüberstehen.

Dies sah vor rund 50 Jahren noch anders aus. Die alte Rollenverteilung von Mann und Frau beziehungsweise Vater und Mutter hat sich in den letzten Jahrzehnten stark gewandelt. Immer mehr Väter wollen sich stärker in die Erziehung des Kindes integrieren und eine innige Vater-Kind-Bindung aufbauen. Sie informieren sich mehr über die Schwangerschaft ihrer Partnerin und übernehmen heute in ihrer Rolle als Vater deutlich mehr Aufgaben, als es bei den Eltern und Großeltern der Fall war. Damit stehen sie vor neuen Fragen und Herausforderungen: Wie regele ich das mit der Elternzeit und dem Elterngeld? Wie kann ich frühzeitig die Bindung zu meinem Kind fördern? Wie läuft die Geburt ab? Wie verhalte ich mich danach mit meinem Kind?

Sie haben heute die Möglichkeit, gemeinsam mit Ihrer Partnerin, Ihre Verantwortlichkeiten bezüglich der Familie so aufzuteilen, wie es für sie beide gut passt. Sie können auch entscheiden, welche Position Sie als Mann in Ihrer Familie einnehmen wollen. Hier zeigen sich in der Praxis die unterschiedlichsten Modelle und Konstellationen. Ihre Aufgabe ist es, Ihren eigenen Weg zu finden, der zu Ihnen passt und für Sie richtig ist.

Wir freuen uns darauf, Sie auf diesem Weg zu begleiten und dabei zu unterstützen, diesen Weg für sich zu finden. Wir gehen auf alle wichtigen Fragen rund um das Thema Schwangerschaft der Partnerin, Geburt und die Zeit danach ein.

Wir wünschen Ihnen ganz viel Spaß beim Lesen und viel Glück und Erfolg als Papa!

Aktive Väter: Warum sie so wichtig sind

Väter wollen immer mehr bei der Erziehung Ihres Kindes beteiligt werden und entsprechen damit dem immer größer werdenden Wunsch, nach einer gleichberechtigten Verteilung der Aufgaben innerhalb der Familie und des Berufslebens. Es hat sich in den letzten Jahren gezeigt, dass diese Entwicklung dem Kind, dem Familienleben und letzten Endes dem Mann selbst in mehrfacher Weise zugutekommt. Männer unterscheiden sich in der Art und Weise der Erziehung deutlich von Frauen. Deshalb bringen sie ihre eigenen Verhaltensweisen, Qualitäten und Fähigkeiten mit ein. Dadurch entwickeln sich Kinder mit einem größeren Erfahrungsschatz, werden fähiger im sozialen Umgang mit ihren Mitmenschen und entwickeln ein stärkeres Selbstvertrauen. Im Rahmen der Familienforschung und der Entwicklungspsychologie, kennen wir heute die Bedeutung von engagierten Vätern für die Familie.

Das sagt die Wissenschaft

Als Vater sollten Sie daher nicht versuchen die Mutter zu übertrumpfen, sondern stattdessen Ihre eigene Art miteinbringen. Auf diese Weise lernt das Kind mit ihren beiden Persönlichkeiten und der Art und Weise ihrer beiden Erziehungsstils umzugehen. Als Vater haben Sie nicht selten andere Vorstellungen von der Förderung Ihres Kindes oder der Gestaltung von Regeln und Grenzen. So sind Mütter oft diejenigen, die das Kind behutsamer behandeln und Situationen, in denen sich das Kind verletzen könnte, eher meiden als Väter. Väter neigen mehr dazu, dem Kind beim Spielen oder beim Ausprobieren von neuen Dingen mehr zuzutrauen, auch wenn dies einen Kratzer und etwas weinen bedeuten kann. Durch dieses Verhalten machen die Kinder jedoch mehr Erfahrungen im Laufe des Heranwachsens und entwickeln ein stärkeres Selbstbewusstsein.

Des Weiteren wurde festgestellt, dass die körperlichen Reaktionen eines Mannes, in Bezug auf das Baby, denen einer Frau sehr ähnlich oder sogar identisch sind. Wenn ein Mann sein Baby lachen oder weinen sieht, dann können wir beobachten, wie sich Schweißproduktion, Herzfrequenz oder der Blutdruck entsprechend dem der Mutter verhält. Dies gilt auch für die väterlichen Instinkte. Wenn Sie Ihr Baby mal mit der Flasche füttern, werden Sie automatisch merken, wann das Baby eine Pause braucht und das Fläschchen kurz wegnehmen. Wenn die Hebamme Ihnen das Kind zum ersten Mal im Kreißsaal in den Arm legt, werden Sie feststellen, wie Ihre Arme sich von selbst so positionieren, dass Sie ein gutes Gefühl beim Halten Ihres Kindes haben. Das bedeutet nicht, dass es immer perfekt ist, aber es reicht aus und mit der Zeit sammeln auch Sie Erfahrung und werden immer besser im Umgang mit Ihrem Kind.

Studien haben nachgewiesen, dass Väter mit verbundenen Augen ihr eigenes Kind unter vielen anderen ausmachen können, indem sie lediglich die Hände ertasten. Hier ist es ausschlaggebend, wie viel Zeit Sie mit Ihrem Baby verbringen. Die Erfolgschance lag hier bei den Vätern höher, die nach eigenen Angaben eine größere Anzahl an Stunden mit ihrem Kind verbringen. Dementsprechend verwundert es nicht, dass die Mütter bei dieser Untersuchung noch etwas besser abgeschnitten haben, einfach da sie meistens nochmal deutlich mehr Zeit mit dem Nachwuchs haben. Wenn Sie Ihre Zeit für Ihr Kind nutzen und sich intensiv damit beschäftigen, desto stärker wird ihre Vater-Kind-Bindung und sie können eine starke, emotionale Beziehung zueinander aufbauen. Diese Wirkung wird unter anderem dadurch erzeugt, dass sich Ihr Hormonhaushalt als Vater verändert, also ähnlich wie der der Mutter. Durch die gemeinsame Zeit fällt Ihr Testosteronspiegel ab und macht Platz für die Produktion des Hormons Oxytocin. Wir bezeichnen dieses auch als Bindungshormon und es erzeugt in uns das Gefühl der Nähe, Geborgenheit und Fürsorge. Dies wirkt sich natürlich auf Ihr Verhalten aus und Sie wollen immer mehr eine starke Bindung zu Ihrem Kind aufbauen, nehmen es intuitiv öfter in den Arm wenn es weint und suchen verstärkt die Nähe zum Kind. Dasselbe Hormon wirkt dabei auch bei Ihrem Baby und sie beide entwickeln eine Synergie. Durch diese Wechselwirkung können Sie schon frühzeitig die Weichen für ihre gemeinsame Zukunft legen.

Ein weiterer Fakt: Wenn Sie sich bereits während der Schwangerschaft Ihrer Partnerin auf die Geburt vorbereiten, dann steigert das die Wahrscheinlichkeit, dass Sie sich danach stärker in die Erziehung einbringen und es Ihnen deutlich leichter fallen wird, auch mit den schwierigen Situationen des Familienlebens fertig zu werden. Viele Männer, die erstmals Vater werden, sorgen sich darum, dass sie während der Schwangerschaft keine Vatergefühle entwickeln und dass es nach der Geburt nicht besser wird. Diese Sorge ist in den allermeisten Fällen unnötig, da jeder Vater zu einem anderen Zeitpunkt das Vater-Sein spürbar wahrnimmt. Bemühen Sie sich schon von Anfang an für Ihr Kind da zu sein, dann werden Sie es später in Ihrer Vaterrolle deutlich leichter haben.

Zudem leben Sie als aktiver Vater gesünder. Dies liegt zum einen an der körperlichen Betätigung mit den Kindern und der zusätzlichen Zeit, die Sie an der frischen Luft verbringen. Darüber hinaus wollen Sie für Ihr Kind ein gutes Vorbild sein und neigen eher dazu, auf eine gesunde Ernährung zu achten und auf schlechte Gewohnheiten, wie rauchen oder Alkohol trinken, zu verzichten oder zumindest zu reduzieren. Ein Kind kann auch Ihren Stresslevel senken, da Sie weniger auf sich selbst und auf die Erwartungen anderer fokussiert sind. Sie verspüren ein weniger starkes Verlangen, den Ansprüchen Anderer gerecht zu werden, leben auf diese Weise leichter und mit mehr Spaß am Leben.

Was wir heute ebenfalls dank der Forschung wissen ist, dass die Vater-Kind-Beziehung gefördert wird, wenn beide Elternteile berufstätig sind. Ist der Mann als Alleinverdiener tätig, fällt es Ihm in der Regel schwieriger, eine innige Bindung zu seinem Kind aufzubauen. Schwieriger bedeutet allerdings nicht unmöglich. Wenn Sie sich mit Ihrer Partnerin gemeinsam dazu entscheiden, dass Sie für das Geldverdienen zuständig sind, haben Sie natürlich immer noch die Möglichkeit, sich Zeit in Ihrem Kalender einzutragen, die ausschließlich für das Kind da ist.

Zu guter Letzt sollten Sie auch stets die Beziehung zu Ihrer Partnerin pflegen. Es ist nachgewiesen, dass Paare, die in ihrer Beziehung glücklich sind, auch eine stärkere Beziehung zu ihrem Kind aufbauen. Dies gilt insbesondere für das Gleichgewicht zwischen Familie und Beruf. Im späteren Verlauf dieses Buches werden wir noch genauer auf dieses Thema eingehen.

So fördert eine aktive Vaterschaft Ihr Kind

Durch Ihren Einsatz und Ihre Hingabe bei Schwangerschaft, Geburt und Kindererziehung bewirken Sie nachhaltig positive Effekte bei Ihrem Kind. Wenn Sie hier mit gutem Beispiel voran gehen, kann sich dieser Effekt sogar generationenübergreifend auswirken. Denn Ihr Kind wird sich sehr viel von Ihnen abgucken und seine ganz eigenen Empfindungen aufbauen, wenn es später mal an seine Kindheit zurückdenkt. Wenn diese Kindheit als besonders schön empfunden wird, dann kann Ihr Kind später seine eigenen Kinder mit derselben Liebe, Aufmerksamkeit und Fürsorge großziehen. Dessen Kinder wiederum werden es genauso handhaben und so können Sie bereits heute den Grundstein für eine Familientradition guter Väter legen. Für den Moment jedoch, schauen wir auf die gegenwärtige Situation und darauf, was eine aktive Vaterschaft für Ihr Kind bedeutet:

- Kinder, die eine aktive Vaterschaft erleben durften, sind erwiesenermaßen bereits im Alter von einem Jahr, Kindern im selben Alter in der Entwicklung voraus
- Wenn sich Väter an schulischen Aktivitäten und der Bildung beteiligen, dann bekommen die Kinder in den meisten Fällen bessere Noten und sie entwickeln der Schule gegenüber eine positive Grundhaltung

- Wenn Väter mit ihren Kindern spielen, dann gehen sie dabei meist gröber und mit mehr Kraft vor, als es die Mutter tun würde. Die Kinder machen in so einer Spielsituation neue Erfahrungen, was dazu führt, dass sie lernen mit neuen Situationen umzugehen und sich später als Erwachsener mehr zutrauen. Aber selbstverständlich sollten Sie beim Spielen auch nicht übertreiben
- Söhne entwickeln durch das Spielen mit ihren Vätern eine gesündere Haltung zu anderen Jungs und haben es so leichter, neue Freunde zu finden und genießen in ihrer sozialen Umgebung ein größeres Ansehen. Entscheidend ist hierbei, dass ein partnerschaftlicher Erziehungsstil vorherrscht. Wenn Väter sich bei körperlichen Spielen darauf konzentrieren, ihren Söhnen zu zeigen, wie sie sich körperlich gegen andere wehren können, um beispielsweise Autorität zu erlangen, dann schlägt dies eher ins Gegenteil um. Diese Jungs finden dann also schwerer den Anschluss in neue Gruppen
- Töchter von aktiven Vätern, die viel mit ihnen spielen, entwickeln ein stärkeres Selbstbewusstsein und sie sind meistens eigenständiger als andere Mädchen im selben Alter. Darüber hinaus hat sich gezeigt, dass die Töchter eine stärkere Begeisterung für Sport entwickeln können
- In der Entwicklungspsychologie zeigen Studien, dass Kinder im Alter von 5 Jahren, die eine gute Beziehung zu ihrem Vater geführt haben, deutlich eigenverantwortlicher und selbstbewusster handeln, als Kinder bei denen der Vater gefehlt hat

- Wenn Sie als Vater sich als zweite, starke Bezugsperson etablieren, dann geben Sie Ihrem Kind die Chance, eine eigenständige Beziehung zu Ihnen aufzubauen. Andernfalls würde Ihr Kind, wenn Sie es zum Beispiel auf den Arm nehmen wollen, bei der Mutter nachfragen, ob es auch ok ist, wenn Sie jetzt mit dem Kleinen interagieren. Diese Kommunikation erfolgt meistens durch einen Blick zur Mutter, sobald das Kind Sie wahrnimmt. Wenn sie beide ihre eigene, persönliche Beziehung zueinander haben, setzt dieser Schutzmechanismus des Kindes nicht ein, da es instinktiv keine Gefahr wahrnimmt
- Kinder von aktiven Vätern sind später als Jugendliche und Erwachsene deutlich besser in der Lage, gesunde Paarbeziehungen zu führen
- Außerdem besteht für diese Kinder im späteren Leben eine geringere Wahrscheinlichkeit für Drogenkonsum

Durch die Hingabe zu Ihrem Kind ermöglichen Sie sich selbst und Ihrem Nachwuchs einen idealen Start in ein gemeinsames Leben. Umso schöner ist es, dass der Trend in Richtung Väter mit Verantwortung in der Kindererziehung mit jedem Jahr weiter zunimmt. Sie kennen nun die wichtige Bedeutung, die eine aktive Vaterschaft mit viel Interesse, Fürsorge und Liebe erzeugen kann. An dieser Stelle soll gesagt sein, dass natürlich nicht immer alles harmonisch wie im Märchen verlaufen wird. Ein Kind groß zu ziehen ist die wahrscheinlich wichtigste Aufgabe, die Ihnen im Leben begegnen wird. Mit so einer großen Aufgabe gehen auch viele Herausforderungen einher, denen Sie sich stellen müssen. Es kann immer wieder zu Komplikationen in der Schwangerschaft kommen, die Ihnen Angst und Bange machen. Es wird Nächte geben, in denen das Kleine nicht aufhören wird zu schreien. Während der Schwangerschaft, der Geburt und auch der Zeit danach wird es immer wieder zu Situationen kommen, die nicht so laufen wie Sie es gerne hätten und das ist völlig normal und natürlich. Wichtig ist, dass Sie sich als

Vater ganz klar positionieren und zwar so, wie Sie es für sich und Ihre Familie wünschen. Allerdings hoffen wir Ihnen in diesem Kapitel ganz klar verdeutlicht zu haben, wie wichtig es ist, dass Sie sich als Vater schon während der Schwangerschaft aktiv einbringen und sich dessen bewusst sind, was dies Ihrer Familie ermöglicht. Wenn Sie das tun, wird es Ihnen auch leichter fallen, mit anstehenden Herausforderungen fertig zu werden, denn Sie wissen genau, warum Sie das tun.

Die Zeit mit Kugelbauch

Den Moment, indem ein Mann erfährt, dass er Vater wird, kann jeder unterschiedlich erleben. Sicher ist: Es kommt eine aufregende Zeit auf Sie zu, die von fast wöchentlichen Veränderungen geprägt ist. Sie werden viele neue Dinge dazulernen und viele Glücksmomente erfahren, etwa wenn Sie Ihr Baby zum ersten Mal im Ultraschall sehen oder dessen Herzschlag hören. Sie werden auch den einen oder anderen Moment erleben, der mit Panik behaftet ist und Ihnen Angst macht. In dieser Zeit gibt es für Sie und Ihre Partnerin allerdings auch einiges, was Sie tun können, um sich optimal auf die Geburt vorzubereiten. Sie müssen Anschaffungen erledigen und sich Gedanken um finanzielle Themen, die Regelung Ihres Arbeitsplatzes oder Behördengänge machen.

Ein paar Dinge davon sind ohnehin Pflicht, bei den anderen dagegen müssen Sie eine Entscheidung treffen, wie Sie es handhaben wollen. Daher wollen wir in diesem Kapitel aufklären, wie Sie sich optimal während der Schwangerschaft auf die Zeit als Familie vorbereiten können.

Die Entwicklung Ihres Babys in der Schwangerschaft

Der 1. Monat und was Sie jetzt tun können

Nachdem die Samenzelle in das Ei eingedrungen ist, beginnt unmittelbar eine starke Expansion der Zellen, welche sich in harmonischer Weise anordnen, um die ersten Weichen für das neue Leben zu stellen. Die befruchtete Eizelle wird Zygote genannt. Der genaue Zeitpunkt, ab dem die Schwangerschaft gemessen wird, ist der erste Tag der letzten Menstruation, da sich die Befruchtung der Eizelle zeitlich nicht genau festlegen lässt.

Die darauffolgenden Prozesse finden in **3 Ebenen** der Zellschichten statt, eine äußere, eine mittlere und eine innere Schicht. Diese Schichten werden auch Keimblätter genannt. Die äußere Schicht bezeichnet man als Ektoderm und es bildet dabei das Nervensystem, alle Sinnesorgane, die Hypophyse, welches die Hormondrüse im Gehirn ist, die Schweißdrüsen und den Zahnschmelz. Auch werden hier bereits die Anlagen für Haut und Haare des Kindes gesetzt. Die **mittlere Schicht** heißt Mesoderm und ist unter anderem verantwortlich für die Bildung des Herz-Kreislauf-Systems, der Knochen und Muskeln, des Bindegewebes und der Nieren- und Harnwege. Die **innerste Schicht** der Zellen wird zu den zukünftigen Bauchorganen geformt.

Hat sich die befruchtete Eizelle in der Gebärmutter eingenistet, bleibt die Regelblutung aus. Ab dem Zeitpunkt können Sie sich praktisch als werdenden Vater bezeichnen. Am Ende des ersten Monats ist der Embryo entstanden und er ist bereits 10-mal größer als die ursprüngliche Eizelle.

Was können Sie jetzt tun?

Beginnen Sie jetzt damit, Ihre Partnerin zu unterstützen und ihr insbesondere **körperliche Arbeiten** abzunehmen. Denn in den ersten Wochen der Schwangerschaft ist das Risiko einer Fehlgeburt höher als im späteren Verlauf. Eine Überanstrengung kann ein Auslöser dafür sein. Beobachten Sie aktiv Ihre Partnerin und erkennen Sie Situationen, bei denen Sie helfen können, etwa wenn sie versucht Sachen zu heben, die mehr als 5 bis 6 Kilo wiegen.

Darüber hinaus sollte Ihre Partnerin **Stress vermeiden**. Die dabei ausgeschütteten Stresshormone wirken sich auf den Embryo aus und können ihm schaden. Wenn sich ein Streit anbahnt, dann geben Sie besser vorsorglich nach und wenn Sie merken, dass Ihre Partnerin gestresst ist, dann gehen Sie auf sie zu und verwöhnen sie. Sie kennen Ihre Partnerin und wissen was ihr gefällt. Kleinigkeiten können hier oft helfen, wie eine Tasse Tee, das Essen kochen oder eine Fußmassage.

Gerade zu Beginn der Schwangerschaft erleben Sie und auch Ihre Partnerin wahrscheinlich ein Chaos der Gefühle. Schließlich kommt eine große Aufgabe auf sie beide zu und es ist vollkommen normal an dieser Stelle viele Fragen, Sorgen und Ängste zu haben. Daher ist es wichtig, sich bereits jetzt nach und nach auf die neuen Bedingungen einzustellen. Daher setzen Sie sich mit Ihrer Partnerin zusammen und **sprechen sie beide ihre Empfindungen offen aus**. Damit sind sie schon mal laut ausgesprochen und brodeln nicht im Stillen. Solche gemeinsamen Gespräche entlasten und sie können die neue Lebenssituation schneller annehmen. Reden sie über Dinge wie:

- Wie haben sie ihre eigene Kindheit erlebt?
- Was war gut und was war eher schlecht?
- Wie stellen sie sich ihre Zukunft zu dritt vor?
- Was wünschen sie sich für die Zukunft?
- Sprechen sie auch darüber, welche Weichen sie dafür bereits jetzt legen können
- Reden sie über Dinge, die sie beschäftigen: Wie regeln sie das mit dem Arbeitsverhältnis? Kann es hierbei zu Problemen kommen? Wie lange Elternzeit nehmen? Usw.

Tauschen sie sich aus und legen sie ihre Gedanken auf den Tisch. Je öfter sie sich über das Thema unterhalten, desto weniger befremdlich wirkt es und das nimmt ihnen mit der Zeit die Sorgen und sie können sich besser auf die gemeinsame Zukunft freuen und sich darauf vorbereiten.

Und eins noch: Wenn Sie Raucher sind, dann ist spätestens jetzt der Moment gekommen aufzuhören. Wenn Sie mit der werdenden Mutter zusammenleben, dann ist es unvermeidlich die Schadstoffe an sie zu übertragen. Auch wenn Sie immer nach draußen oder auf den Balkon gehen, tragen Sie Spuren des Zigarettenrauchs in die Wohnung hinein. Wenn Ihre Partnerin regelmäßig diesen Stoffen ausgesetzt wird, kann dies Ihrem ungeborenen

Baby ernsthaft schaden. Wenn das Kind auf der Welt ist, dann nimmt es selbst diese Schadstoffe auf, welche zum Beispiel an Ihrer Kleidung haften bleiben. Dies erhöht nachweislich die Gefahr des plötzlichen Kindstods. Sie werden in Ihrem Leben wahrscheinlich keinen besseren Grund finden damit aufzuhören. Daher ist es jetzt an der Zeit Verantwortung zu zeigen und es einfach durchzuziehen.

Der 2. Monat und was Sie jetzt tun können

Hier ist das Baby bereits als „Mensch in Arbeit“ erkennbar, da bereits Arme, Beine, Schulten, sowie die Knie und Ellbogen im Ultraschall sichtbar sind. Auch die Organe werden nach und nach angelegt, ebenso wie das Gesicht mit Nase, Augen und Mund. Darüber hinaus sind bereits Kiefer und Gaumen angelegt und im Mund werden eine kleine Zunge, sowie die Zahnleisten gebildet. Eine weitere wichtige Entwicklung ist der Ausbau des Innenohrs, wodurch erste Schritte für den Gleichgewichtssinn in Gang gebracht werden. In diesem Stadium übt es bereits leichte Bewegungen aus, die Ihre Partnerin allerdings noch nicht bemerken wird. Bei den meisten Frauen bleibt die Regelblutung in der fünften Schwangerschaftswoche aus und es folgt der Schwangerschaftstest, sowie unter Umständen der anschließende Besuch beim Gynäkologen, der die Schwangerschaft bestätigen kann. Am Ende der achten Woche ist Ihr Kind um das 7-fache gewachsen und entspricht in etwa einer Größe von 15 mm und ist damit so groß wie ein Cent Stück.

Was können Sie jetzt tun?

Es kann passieren, dass Sie jetzt (wenn nicht sogar schon zuvor) die berüchtigten Stimmungsschwankungen Ihrer Partnerin wahrnehmen. Ihr Körper beginnt damit, das Schwangerschaftshormon Progesteron zu bilden und zudem wird mehr Östrogen produziert. In dem einen Moment ist Ihre Partnerin noch sehr glücklich und im nächsten Moment kippt die Stimmung und sie bricht in Tränen aus. Ein solches auf und ab der Gefühle kann zu Spannungen in der Partnerschaft führen und Stress verursachen. Sie wissen nun allerdings, wie wichtig es für Ihre Partnerin und das Babys ist, Stress möglichst zu vermeiden. Daher trainieren Sie sich an, diese Ausbrüche nicht allzu ernst zu nehmen, geben Sie immer wieder mal nach und stehen Sie drüber. Die gute Nachricht ist: Die Stimmungsschwankungen verlieren sich bei den meisten Frauen ab der 12. Schwangerschaftswoche. Sie müssen also nicht die vollen 40 Wochen überstehen.

Und vergessen Sie nicht: Auch Ihr Körper stellt sich auf die Schwangerschaft ein und es kommt zu Hormonschwankungen. Sie produzieren weniger Testosteron und dafür mehr von dem Hormon Prolaktin, was auch als Brutpflegehormon bezeichnet wird. Es kann also auch bei Ihnen gelegentlich mal zu Stimmungsschwankungen kommen, was das Risiko erhöht, dass Sie und Ihre Partnerin mal nicht einer Meinung sind. Allerdings ist es eine Tatsache, dass die Mutter die größere Herausforderung hat. Daher üben Sie sich so gut es geht in Selbstbeherrschung, unterstützen Sie Ihre Partnerin und seien Sie der Anker auf den sie sich verlassen kann, wenn mal etwas nicht gut läuft.

Der 3. Monat und was Sie jetzt tun können

An dieser Stelle beginnen die Organe Ihres Kindes bereits mit der Arbeit. Es beginnt damit, Fruchtwasser zu trinken und zu gähnen. Dies sind Vorbereitungen auf den Ausbau der Lunge und später die ersten Atemzüge. Durch den voranschreitenden Aufbau von Muskelgewebe und Nervenzellen, übt das Kind bereits fleißig die Bewegungen seiner Körperteile. Die Augen und Ohren des Embryos haben sich verschoben und befinden sich nun an der Stelle, an dem das Kind sie ab dem Zeitpunkt der Geburt brauchen wird. Es werden ebenfalls die Anlagen für die Milchzähne gesetzt und die Augenlieder verkleben sich und lassen die Augen des Babys geschlossen. Das Verdauungssystem beginnt allmählich mit seiner Arbeit und ist damit in der Lage, Zucker ins Blut aufzunehmen. Handelt es sich um ein Mädchen, dann hat sich in diesem Stadium bereits der Eileiter entwickelt, obwohl das Geschlecht noch nicht erkennbar ist. Bei einem Jungen hat sich an dieser Stelle ein kleiner Penis gebildet. Eine Bestimmung des Geschlechts im Ultraschall wird von hier an in zwei bis drei Wochen möglich sein. Am Ende des dritten Monats entspricht Ihr Kind etwa der Größe eines kleinen Hühnereis.

Was können Sie jetzt tun?

Zu den typischen Schwangerschaftsbeschwerden im 3. Monat zählen Verstopfungen. Dies liegt an den verringerten Muskelaktivitäten im Darm während der Schwangerschaft. Für werdende Mütter kann das zu einer großen Belastung werden. Die Symptome sind bei Frauen unterschiedlich stark ausgeprägt. Während die eine stark damit zu kämpfen hat, zeigen sich bei der anderen absolut gar keine Symptome. Wenn Ihre Partnerin davon betroffen ist und Sie Ihr dabei helfen wollen sich wieder besser zu fühlen, erhalten Sie hier ein paar Tipps:

- Ihre Partnerin sollte viel Wasser und Tee trinken.
- Sie sollte auf Lebensmittel verzichten, welche die Verdauung hemmen wie beispielsweise Produkte aus Weißmehl oder Bananen
- Worauf sie auch verzichten sollte sind Lebensmittel, die den Magen aufblähen, wie Hülsenfrüchte oder Kohl
- Sie sollte jede Mahlzeit möglichst klein kauen, um dem Darm seine Arbeit zu erleichtern
- Nehmen sie sich gemeinsame Zeit, um sich an der frischen Luft zu bewegen
- Nahrung, die viele Ballaststoffe enthält, wie Obst und Vollkornprodukte, kann ebenfalls die Verdauung fördern
- Bauchmassagen können entspannend wirken und damit ebenfalls helfen
- Sie kann abführende Lebensmittel über den Tag verteilt zu sich nehmen, wie Pflaumen oder Pflaumensaft. Alternativ gibt es für Schwangere unbedenkliche Hilfsmittel in der Apotheke. Hier sollte sie vorher ihren Arzt um Rat fragen

- Lein- und Flohsamen verbessern die Beweglichkeit des Darms und können abführend wirken, allerdings sollte sie dazu viel Wasser trinken, andernfalls läuft sie Gefahr, ihre Beschwerden zu verschlimmern
- Bei sehr starken Symptomen, die medizinisch bedenklich sein können, sollte sie in jedem Fall ihren Arzt aufsuchen. Medikamente sollten gerade in der Schwangerschaft das letzte Mittel sein. Allerdings gibt es auch hier leichte Abführmittel wie Laxantium, die ihr im Ernstfall helfen können

Der 4. Monat und was Sie jetzt tun können

In der 13. Woche ist Ihr Kind noch recht klein und misst gerade einmal 6,5cm bei einem Gewicht von etwa 20g. Gegen Ende des 4. Monats werden es rund 90g sein und seine Größe wird um 4 bis 5cm steigen. Damit ist es dann etwa so groß wie ein Apfel.

Einige Organe beginnen damit ihre Aufgabe wahrzunehmen, wie die Leber, der Verdauungstrakt oder die Bauchspeicheldrüse. Ein sehr spannender Punkt in dieser Phase ist, dass Ihr Kind nun Geräusche wahrnehmen und auf diese reagieren kann. Das veranlasst viele Eltern dazu, ihrem Baby etwas vorzulesen, ihm Musik abzuspielen oder einfach mit ihm zu sprechen, sodass es die Stimmen der Eltern wahrnehmen kann.

Mit etwas Glück und richtiger Lage des Kindes, kann der Arzt ab der 14. Woche das Geschlecht bestimmen. Durch die Entwicklung der Lungen kann es vorkommen, dass das Kind Schluckauf im Bauch bekommt. Ihre Partnerin wird dies als ein leichtes Zucken wahrnehmen. Das Herz ist voll entwickelt und pumpt bereits Blut durch den Kreislauf des Kleinen.

Reflexe wie Saugen oder Greifen sind in dieser Phase entwickelt, sodass Ihr Baby am Daumen nuckeln kann. Es nimmt ebenfalls Berührungen, etwa durch Handauflegen auf den Babybauch, wahr und kann auf diese reagieren.

Durch das rasche Körperwachstum sind immer mehr die menschlichen Proportionen zu erkennen und auch das Skelett ist im Ultraschall deutlich zu sehen.

Was können Sie jetzt tun?

Nutzen Sie die neu entwickelten Fähigkeiten Ihres Babys, um einen ersten Kontakt aufzunehmen. Ihr Kind nimmt nun Geräusche wahr, also sollten Sie regelmäßig mit ihm sprechen. Kaufen Sie sich zum Beispiel ein Kinderbuch mit Kurzgeschichten und lesen Sie dem Kleinen jeden Abend darin vor. Wenn Sie musikalisch begabt sind, dann können Sie dem Kind etwas vorsingen oder auf einem Instrument etwas vorspielen. Auf diese Weise beschäftigen Sie sich bereits jetzt mit Ihrem Nachwuchs. Das wird dazu führen, dass ein Gefühl der Verbundenheit in Ihnen entsteht und mit der Zeit wächst. Die Schwangerschaft wirkt realer und Sie stimmen sich besser auf Ihre Rolle als Vater ein.

Der Bauch Ihrer Partnerin wird nun stark wachsen. Wenn Sie Ihr Umfeld noch nicht über die Schwangerschaft informiert haben, dann können Sie damit rechnen, dass die Menschen es vermuten und Fragen stellen werden. Die Gründe, warum man die Schwangerschaft bestimmten Personenkreisen wie Eltern, Freunden oder Arbeitskollegen nicht direkt mitteilen möchte, können sehr unterschiedlich und persönlich sein. Sollten bei Ihnen solche Gründe bestehen, dann machen Sie sich einen Plan, wie Sie die Neuigkeit kommunizieren möchten.

Es kann sein, dass das Geschlecht bereits jetzt erkennbar ist. Machen Sie sich Gedanken dazu, ob Sie und Ihre Partnerin es erfahren möchten oder lieber nicht. Wenn sie sich dagegen entscheiden, haben Sie den Vorteil, eine sogenannte Gender-Party zu veranstalten. Sie lassen den Arzt das Geschlecht auf einen Zettel schreiben und in einen Briefumschlag oder ähnlichem verpacken. Dabei verraten sie das Geschlecht einer einzigen Person ihres Vertrauens. Dann machen sie beide einen Termin aus, an dem die Party steigt und laden Familie und Freunde ein. Die Person, die das Geschlecht kennt, kann zum Beispiel einen speziell dafür angefertigten, schwarzen und undurchsichtigen Ballon mit pinken oder blauem Konfetti füllen, je nachdem, ob Junge oder Mädchen. Nachdem auf der Feier gegrillt und gegessen wurde, veranstalten Sie zeremoniell einen Augenblick, bei dem zum Beispiel Ihre Partnerin den Ballon hält, die Gäste zählen von 10 aus runter und am Ende piksen Sie eine Nadel in den Ballon. Das Konfetti fliegt heraus und alle erfahren in diesem Moment, ob es Team blau oder Team pink wird. Dies ist nur eine Möglichkeit, wie Sie es gestalten können. Weitere Möglichkeiten und Anregungen lassen sich im Internet genug finden. Eine solche Feier für Ihr Baby kann bei Ihnen einen gewissen Kick auslösen, durch den Sie besser in Ihre Vaterrolle finden und nebenbei auch noch Spaß haben.

Der 5. Monat und was Sie jetzt tun können

Das Baby wächst weiter und legt innerhalb des 5. Monats an Größe nach. Es misst 11cm zu Beginn des Monats und erreicht gegen Ende um die 27cm. Sein Gewicht wird sich verdreifachen und es ist ungefähr so groß wie eine Paprika. Es findet ein stärkeres Wachstum des Rumpfes und der Extremitäten statt, wodurch dessen Proportionen immer mehr an einen Menschen erinnern.

Auch die Gesichtszüge werden sich weiterentwickeln und nehmen allmählich die korrekte Position im Gesicht ein. Der 5. Monat ist insbesondere für die Sinnesorgane ein wichtiger Zeitraum. Denn hier werden die Nervenzellen im Gehirn stark ausgebaut, die für alle 5 Sinne zuständig sind. Ihr Baby kann Sie somit noch intensiver wahrnehmen und Sie werden wahrscheinlich auch schnell feststellen, dass es noch genauer auf Reize von außen reagiert, wie beispielsweise Ihre Berührungen am Bauch, Ihre Stimme oder auf Musik.

Sie können jetzt die Herztöne Ihres Kindes mithilfe eines Stethoskops hören und sehen, ob das Herz auch gut entwickelt ist. Die Leber und die Milz beginnen damit weiße Blutkörperchen zu bilden, was den Grundbaustein für den Ausbau des Immunsystems darstellt. Die Lungenbläschen werden ausgebaut und auch die Nieren und die Blase werden in Betrieb genommen.

Dadurch, dass Ihr Kind nun beginnt Fruchtwasser zu trinken, beginnt auch der Verdauungstrakt zu arbeiten, was eine Vorbereitung auf seine Aufgaben nach der Geburt ist. Die Reflexe des Kindes entwickeln sich stetig weiter und werden trainiert, indem das Kleine immer wieder an seinem Daumen nuckelt, wenn es mit der Hand an sein Gesicht kommt.

Was können Sie jetzt tun?

Die Schwangerschaft schwächt das Immunsystem Ihrer Partnerin und macht sie anfälliger für Infektionserreger. Diese können insbesondere schnell über das Essen aufgenommen werden. Der Grund, warum sich das Immunsystem während der Schwangerschaft runter fährt, liegt an den Genen des Vaters. Denn Ihr Kind besteht zu 50% aus Ihren eigenen Genen, die der Körper der Mutter als Fremdkörper ansieht. Unser Immunsystem hat die Aufgabe, uns vor Eindringlingen von außerhalb zu schützen und daher attackiert es sie, sobald es sie registriert. Dies wäre für Ihr Kind ungünstig, daher hat die Natur das Immunsystem der Frau so kalibriert, dass es sich bei Schwangerschaft automatisch runterfährt und dadurch nicht genug Ressourcen vorhanden sind, um die fremden Gene anzugreifen.

Daher sollten Sie entsprechende Maßnahmen ergreifen, die das Immunsystem der Partnerin stärken und das Risiko einer Erkrankung minimieren. Sportliche Aktivitäten regen den Stoffwechsel an und sorgen für eine bessere Sauerstoffversorgung der Zellen, was auch gut für Ihr Baby ist. Ein weiterer positiver Nebeneffekt ist die Ausschüttung von Glückshormonen nach einer Sporteinheit. Dies hebt die Laune, reduziert Stress und verleiht eine optimistischere Grundhaltung. Darüber hinaus dient Sport auch als Vorbeugung für die unerwünschten Wassereinlagerungen. Außerdem gibt es Studien die belegen, dass Frauen, die Sport treiben, Ihre Schwangerschaft und die Geburt mit weniger Beschwerden erleben.

Wie aktiv ist Ihre Partnerin in der Schwangerschaft? Die meisten Menschen haben Probleme damit, mit Sport anzufangen. Wenn Sie Ihre Partnerin hier unterstützen möchten, dann planen sie gemeinsame, körperliche

Aktivitäten. Diese dürfen nicht zu belastend für die werdende Mutter sein. Jeden Tag ein Spaziergang von 30 bis 60 Minuten kann hier Wunder wirken. Und Ihr Baby profitiert auch davon. Wenn Sie sich in „sanften" Sportarten ausprobieren wollen, dass bedeutet Sport, bei dem keine starken Erschütterungen stattfinden, dann können Sie folgende Werte nutzen, damit Sie und Ihre Partnerin wissen, ob sie im Rahmen des Vertretbaren liegen. Laut Expertenempfehlungen ist das Alter in Verbindung mit dem Pulsschlag ausschlaggebend, also Herzschläge pro Minute. Es lohnt sich also, sich eine Pulsuhr anzuschaffen. Dabei werden folgende Werte empfohlen:

- Frauen bis 29 Jahre = Pulsrate zwischen 135 und 150 Herzschlägen pro Minute
- Frauen zwischen 30 und 39 Jahren = Pulsrate zwischen 130 und 145 Herzschlägen pro Minute
- Frauen ab 40 Jahren = Pulsrate zwischen 125 und 140 Herzschlägen pro Minute

Der 6. Monat und was Sie jetzt tun können

Was viele hier nicht ahnen ist, dass mit dem Ende des 6. Monats ein wichtiger Aspekt bezüglich Ihres Kindes greift. Sollte es jetzt frühzeitig geboren werden, kann es unter entsprechender ärztlicher Aufsicht überleben, zumindest stehen die Chancen dafür gut. Innerhalb des 6. Monats erhöht sich die Länge des Babys von 26cm auf etwa 31cm. Während es zu Beginn des Monats noch um die 380g gewogen hat, wiegt es am Ende ca. 660g und ist von der Länge her vergleichbar mit einer Karotte.

Die Hautschichten sind im 6. Monat vollständig ausgebaut und es beginnt damit, mehr Fett in der Haut zu speichern und wird von einer weiß-gelblichen Schicht bedeckt, die als Käseschmiere bezeichnet wird. Sie dient dazu, das Kind zu schützen und warm zu halten. Sie werden feststellen, dass Ihr

Baby damit beginnt, phasenweise aktiv zu sein. Dies liegt daran, dass es nach und nach einen Wach-Schlaf-Rhythmus entwickelt.

Das Gehirn des Kindes entwickelt sich rasant weiter und beginnt Nervenzellen zu bestimmten Nervenbahnen zu verbinden, welche es dem Kleinen ermöglichen werden, zwischen verschiedenen Eindrücken zu differenzieren. In Zusammenhang mit den sich immer weiterentwickelnden Sinnesorganen, kann es so mittlerweile Geschmäcker voneinander unterscheiden und dies ist in diesem Stadium wichtig für die Zeit nach der Geburt. Denn in dem Fruchtwasser, welches das Kind mittlerweile zu trinken begonnen hat, sind die Geschmackstoffe der Nahrung enthalten, die die Mutter zu sich nimmt. Sein Gehirn wird nach der Geburt in der Lage sein, diese Geschmäcker anhand von echtem Essen wiederzuerkennen und zu akzeptieren (mal mehr, mal weniger). Darüber hinaus nimmt es die Stimmen seiner Eltern wahr und ist nach der Geburt in der Lage, auch diese wiederzuerkennen, was ihm naturgemäß signalisiert, dass sie seine Eltern sind.

Wenn Sie auf den Bauch Ihrer Partnerin schauen, so kann es jetzt vorkommen, dass Sie die Wölbungen auf ihrer Bauchdecke sehen. Ihr Baby hat in den letzten Wochen seine Bewegungen fleißig trainiert und sie haben an Kraft zugenommen. Es haben sich Haare auf dem Kopf und als Augenbrauen entwickelt, welche allerdings noch farblos sind, da die benötigten Farbpigmente fehlen.

Das Herz ist so weit entwickelt, dass es möglich ist den Herzschlag mit dem Ohr zu hören. Im Laufe des Monats wird Ihr Baby anfangen seine Augen zu öffnen. Es beginnt mit einem leichten blinzeln, um sich langsam daran zu gewöhnen, bis sie schließlich ganz offen sind.

Was können Sie jetzt tun?

Jetzt ist die ideale Zeit, um alles für das Baby vorzubereiten. Bei Ihrer Partnerin lassen allmählich die Beschwerden aus dem 1. Trimester nach und der Bauch ist noch nicht so groß, dass er sie allzu sehr beeinträchtigt. Daher sollten Sie diese Zeit nochmal für sich und Ihre Beziehung nutzen, um beispielsweise zu verreisen, bevor das Baby kommt. Sie können sich auch schon mal an die Einrichtung des Babyzimmers machen oder eben Dinge erledigen, die später einfach etwas schwieriger wären.

Haben Sie sich bereits Gedanken über den Geburtsort gemacht? Klinik, Geburtshaus oder doch die Hausgeburt? Im 6. Monat sollten Sie bereits eine Antwort auf diese Frage parat haben. Im späteren Verlauf dieses Buches werden wir noch genauer auf die einzelnen Möglichkeiten eingehen. Darüber hinaus sollte Ihnen zu diesem Zeitpunkt klar sein, ob Sie der Geburtspartner Ihrer Partnerin sein wollen oder eher nicht. Als engagierter Vater wird Ihnen das Erlebnis der Geburt einen Moment schenken, der Sie mit großer Freude, Aufregung und Glück bereichern wird. Allerdings verträgt nicht jeder Mann eine Geburt gleich gut. So sollten Sie sich Gedanken dazu machen, ob Sie den Anblick des herausflutschenden Kindes und der Plazenta ertragen können, insbesondere da hier auch viel Blut fließen wird. Wenn nicht, dann besprechen Sie mit Ihrer Partnerin, dass Sie zum Beispiel lieber hinter ihr stehen möchten und teilen Sie ihr Ihre Wünsche bezüglich des Geburtsablaufs mit. Auch Ihre Partnerin wird vermutlich einen Geburtsplan vorbereitet haben, der genau regelt, was ihre Vorstellungen bei der Geburt sind. Hier können Sie sich als werdender Vater gut einbringen. Viele Frauen wollen während des Geburtsablaufs nicht vom Personal angesprochen werden, um sich voll auf ihre Atmung, Meditation (Stichwort Hypnobirthing) oder Tiefenentspannung zu konzentrieren. Sie sind dann der Ansprechpartner für das Geburtsteam und schirmen dieses so gut es geht von Ihrer Partnerin ab. Möglicherweise möchte Ihre Partnerin auch gelegentlich mit Massagen verwöhnt werden, um mit den Schmerzen besser fertig zu werden oder dass Sie einfach ihre Hand halten. Bringen Sie sich ein und machen sie einen gemeinsamen Plan mit Aufgaben, die Sie übernehmen werden. So können Sie sich jetzt schon auf die Geburt vorbereiten und sich voll einbringen.

Der 7. Monat und was Sie jetzt tun können

Zu Beginn des Monats misst Ihr Kind eine Größe von etwa 33cm und wiegt ca. 750g. Am Ende des Monats werden es rund 37cm sein und Ihr Kind sollte bis dahin die 1 Kilo-Hürde gemeistert haben. Dabei nimmt es täglich um die 85g an Gewicht zu und hat am Ende etwa die Größe einer Kokosnuss. Die untere Hautschicht beginnt mit der Bildung der Kapillargefäße, Ihr Kind hat eine gut funktionierende Blutzufuhr und seine Haut nimmt eine rosige Farbe an.

Das Baby trainiert fleißig seine Muskeln durch Bewegungen, wodurch es seinen Gleichgewichtssinn verbessert und es beginnt damit seine Augen zu öffnen, welche bei den meisten Babys, die in Deutschland geboren werden, zunächst Blau sind. Deren tatsächliche Augenfarbe entwickelt sich erst im Laufe des ersten Lebensjahres.

Auch die Wahrnehmung des Kindes hat sich stark verbessert und es reagiert noch besser auf Berührungen oder Musik. Sie werden feststellen, dass wenn Sie die Hand auf den Babybauch legen, Ihr Kind immer besser darauf reagiert. Vielleicht haben Sie Ihrem Kind während der Schwangerschaft auch Musik vorgespielt und dabei bemerkt, welche Art von Musik es am liebsten hat und bei welcher Sie am ehesten eine Reaktion erwarten können.

Die Lungen werden in den kommenden Monaten einen großen Entwicklungsschub erleben, sind jedoch im 7. Monat noch nicht in der Lage, in der Außenwelt so zu funktionieren, wie sie sollten. Bei einer Geburt besteht die Gefahr, dass die Lungenbläschen verkleben, weshalb Ärzte bei frühzeitigen Wehen versuchen werden, die Geburt bis zur 37. Woche mithilfe von Medikamenten hinauszuziehen.

Was können Sie jetzt tun?

Das letzte Trimester hat begonnen und die Vorbereitungen auf die Geburt laufen auf Hochtouren. Es kann sinnvoll sein, sich jetzt Gedanken über einen Geburtsvorbereitungskurs zu machen. Hierbei geht es in erster Linie darum, ein Verständnis dafür zu schaffen, was bei der Geburt alles passieren wird. Sie erhalten Informationen über das Neugeborene wenn es auf die Welt kommt, lernen nützliche Atemtechniken, die Ihrer Partnerin helfen können und was es für Geburtspositionen gibt. Ein solcher Kurs ist für Sie die ideale Gelegenheit, um bestehende Fragen, Wünsche oder auch Sorgen zu äußern. Hier erhalten Sie fachmännischen Rat, der Ihnen noch mehr Sicherheit für die bevorstehende Zeit bringt.

Machen Sie sich ebenfalls Gedanken über die Baby-Erstausstattung. Der Werbung zufolge gibt es eine Reihe von Baby-Utensilien, die man auf jeden Fall haben muss, um gut über die Runden zu kommen. Dem ist natürlich nicht so. Einige Dinge sind wirklich sehr praktisch und andere total unnötig. Später geben wir Ihnen ein paar Empfehlungen mit an die Hand, was Sie alles gut gebrauchen können. Beschaffen Sie sich jetzt schon eine gewisse Grundausstattung. Es muss nicht alles vor der Geburt besorgt werden, insbesondere da Babysachen oft nicht billig sind. Sie werden feststellen, dass einige Dinge, die Ihnen zunächst unwichtig erschienen sind, später doch ganz praktisch wären. Daher können Sie die Ausstattung für das Baby auch nach der Geburt allmählich vervollständigen.

Vergessen Sie auch nicht: Die Wahrnehmung Ihres Babys hat sich nochmal deutlich verbessert. Also nutzen Sie diese Entwicklung und interagieren Sie auch weiterhin täglich mit dem Babybauch. Achten Sie bewusst darauf, worauf Ihr Kind besonders gut reagiert und probieren Sie sich ein wenig aus.

Der 8. Monat und was Sie jetzt tun können

Zu Beginn des 8. Monats hat Ihr Baby eine Größe von 40cm und wiegt rund 1,2Kg. Am Ende des Monats werden es etwa 44cm sein und das Gewicht beträgt dann 1,7 bis 1,8Kg. Es hat dann in etwa die Größe eines Grünkohls. Der Aufbau der Organe ist im Wesentlichen abgeschlossen und auch die Lungen haben ordentlich an Stärke gewonnen. Dadurch sinkt das Risiko von Atemproblemen bei einer Frühgeburt, es ist jedoch nicht vollends verschwunden. Aber auch das Gehirn, das Nervensystem sowie das Skelett des Kopfes werden sich nochmal entscheidend weiterentwickeln. Aus dem Blut Ihrer Partnerin werden nun Antikörper über die Nabelschnur und die Plazenta an das Baby weitergegeben, wodurch sein Immunsystem gestärkt wird.

Zwischen der 29. und der 32. Woche findet das dritte große Screening beziehungsweise der Ultraschall statt. Hier wird zunächst auf die Entwicklung Ihres Kindes geschaut, insbesondere auf die Herztöne und die Bewegungen. Darüber hinaus rückt jetzt noch ein weiterer Aspekt in den Vordergrund, nämlich die Kindslage. Es ist möglich, dass sich das Kind bereits mit dem Kopf in Richtung Becken bewegt hat und damit in der sogenannten Schädellage liegt. Daneben gibt es noch die Beckenendlage (Steißlage) und die Querlage. Etwa 95% aller Babys liegen bei der Geburt in der **Schädellage**, welche auch als **Hinterhauptslage** oder **Kopflage** bezeichnet wird. Spätestens ab der 36. Woche sollte sich das Kind in diese Lage bewegen, da es ab hier allmählich zu groß wird, um sich selbstständig in der Gebärmutter zu drehen.

Sollte dies nicht der Fall sein, können Arzt oder Hebamme versuchen, das Kind entsprechend zu drehen. Sie als werdende Eltern können die Drehung mit der „indischen Brücke" unterstützen. Dabei handelt es sich um eine Körperposition, die Ihre Partnerin 1 bis 2 Mal täglich für 5 bis 10 Minuten ausführen kann. Sie legt sich mit dem Rücken auf ein Kissen oder eine andere weiche Unterlage, sodass sich ihr Bauch nach oben wölbt und ihr Rücken ein Hohlkreuz bildet. Die Arme und Beine werden locker hängen gelassen und die Atmung verläuft ruhig und gleichmäßig. Diese Stellung ist für das Kind unbequem, was es dazu verleiten kann sich in der Gebärmutter zu drehen.

Bei der **Beckenendlage**, welche auch als **Steißlage** bekannt ist, liegt Ihr Kind mit dem Gesäß nach unten in Richtung Geburtskanal, was bei etwa 5% aller Schwangerschaften vorkommt. Diese Lage ist bei der Geburt mit Risiken verbunden, da während des Geburtsvorgangs ein Zeitpunkt existiert, indem die Nabelschnur abgeklemmt wird, der Kopf des Kindes aber noch in der Gebärmutter steckt. Dadurch entsteht ein Druck auf dem Kopf und der Wirbelsäule des Kindes, weshalb hier oft zu einem Kaiserschnitt geraten wird.

Auch die **Querlage** ist für eine Geburt ungünstig. Daher ist auch hier ein Kaiserschnitt erforderlich. 80% der Babys drehen sich allerdings noch nach der 37. Woche in die Kopflage, weshalb es sich lohnen kann zu warten. Bei Mehrlingsgeburten kann es dazu kommen, dass sich eines der Babys, welches in Querlage liegt, erst während der Geburt in die Kopflage bewegt. Wenn sein Geschwisterchen erstmal draußen ist, entsteht mit einem Mal viel Platz in der Gebärmutter und damit auch für eine Drehung in die Kopflage.

Was können Sie jetzt tun?

Im 8. Monat ist das Baby unter anderem durch weitere Hormonschübe sehr nachtaktiv und das Schlafen wird Ihrer Partnerin zunehmend schwer fallen. Daher sollte sie sich tagsüber Ruhephasen gönnen, um der Erschöpfung entgegenzuwirken. Das bedeutet, dass Sie ab diesem Zeitpunkt Ihrer Partnerin weitere Aufgaben abnehmen sollten, damit sie Zeit zur Erholung hat. Allzu viel wird sie ohnehin nicht mehr eigeständig tun können. Kümmern Sie sich also auch um die kleinen Dinge und verschaffen Sie ihr mehr Freiraum.

Dazu zählt auch die Regelung einiger finanzieller Angelegenheiten. So benötigen die Krankenkasse und der Arbeitgeber eine Bescheinigung, um Mutterschaftsgeld und Arbeitgeberzuschuss fristgerecht zu zahlen. Dieser Papierkram kann ziemlich lästig sein, daher sollten Sie das übernehmen.

Der 9. Monat und was Sie jetzt tun können

Das Baby beginnt damit, mehr Fett in seiner Haut zu speichern und damit verstärkt Energiereserven zu bilden, der allzu bekannte Babyspeck entsteht. Er dient dem Baby nach der Geburt als Nahrungsreserve, da es sich überwiegend von der Vormilch der Mutter, das sogenannte Kolostrum, ernähren wird, welches nur in geringen Mengen produziert wird. Die eigentliche Milch wird erst nach ein paar Tagen zur Verfügung stehen.

Zu Beginn des Monats misst es in der Länge 45cm und hat ein Gewicht von 2Kg erreicht. Gegen Ende wird seine Größe auf ca. 47cm steigen und es wird um die 2,7Kg wiegen. Damit entspricht es von der Größe her einer kleinen Wassermelone. Ihr Kind füllt die Gebärmutter voll aus und berührt mit seinem Körper den Uterus. Durch den jetzt kaum vorhandenen Platz werden die Bewegungen des Kindes abnehmen, jedoch wird die Mutter dafür auch die kleinsten Bewegungen spüren können.

Die Lungen haben sich jetzt auch soweit entwickelt, dass sie nicht mehr als unmittelbare Schwachstelle Ihres Kindes bezeichnet werden können, auch wenn eine Geburt zu diesem Zeitpunkt noch als Frühgeburt eingestuft wird (vor der 37. Woche). Sollte es dazu kommen, wird es wahrscheinlich nicht nötig sein, dass Ihr Kind Atemunterstützung benötigt.

Das Skelett des Babys ist fast vollständig entwickelt, allerdings wird der Schädel nicht durch die Strukturen der Knochen zusammengehalten, sondern durch die Fontanellen. Dies sind Hautschichten, die Sie nach der Geburt auch beobachten können. Man unterscheidet zwischen der großen Fontanelle und der Kleinen, die sich am Hinterkopf befindet. Sie sind nach der Geburt durch Bindegewebe geschützt. Die kleine Fontanelle wird bis zum 3. Lebensmonat durch Knochenstrukturen verschlossen, während es bei der großen Fontanelle bis zum 2. Lebensjahr dauern kann.

Was können Sie jetzt tun?

Prägen Sie sich den Ablauf ein, den Sie durchführen werden, wenn die Zeit gekommen ist und es schnell in den Kreißsaal gehen muss. Ihre Partnerin wird mit ihren Wehen zu tun haben, daher liegt es an Ihnen dafür zu sorgen, dass der Weg in die Klinik (wenn sie sich dafür entschieden haben) reibungslos verläuft und nichts vergessen wird. Wo liegen die Unterlagen, die dringend benötigt werden? Was muss noch in die Kliniktasche rein? Was in Ihre eigene Kliniktasche, wenn Sie ein Familienzimmer haben? Liegt alles griffbereit wenn es losgeht oder werden Sie im letzten Moment noch hektisch zu suchen beginnen? Gehen sie gemeinsam den Ablauf durch, ruhig mehr als einmal. Auf diese Weise können Sie im entscheidenden Moment super funktionieren und ein geregelter Ablauf vermeidet unnötigen Stress in einer ohnehin wilden Situation.

Was ist eine Risikoschwangerschaft?

So bezeichnet man eine Schwangerschaft, bei der aufgrund von bestimmten Risikofaktoren eine höhere Wahrscheinlichkeit für Komplikationen besteht, als bei einer Schwangerschaft ohne diese Risiken. Wenn man sich die Werte dazu anschaut, dann stellt man fest, dass die Zahl der Risikoschwangerschaften ansteigt. Dies bedeutet jedoch nicht, dass auch immer mehr Mütter und Babys während der Schwangerschaft oder während der Geburt Schaden nehmen. Ganz im Gegenteil: Aufgrund des medizinischen Fortschritts verlaufen immer mehr Schwangerschaften sehr gut. Warum also dieser Trend? Dies liegt daran, dass alle Frauen, die älter als 35 Jahre sind, als Risikoschwangerschaft eingestuft werden. Im Laufe der letzten Jahrzehnte haben Frauen allerdings im Durchschnitt immer später ihr erstes Kind bekommen, wodurch sie automatisch in diese Statistik rutschen. Tatsächlich ist es so, dass ein höheres Alter auch ein höheres Risiko für eine Frühgeburt oder für gesundheitliche Beeinträchtigungen des Babys ist. Es findet daher eine genauere Betrachtung der Schwangeren bei den Untersuchungen statt, um frühzeitig Risiken zu erkennen und gegenzusteuern.

Allerdings sollten Sie sich vorab gut informieren, welche dieser Empfehlungen Sie in Anspruch nehmen wollen. Viele Untersuchungen können nämlich auch viele Ängste und Unsicherheiten mit sich bringen. Machen Sie sich darüber schlau, was Ihnen die Ergebnisse der einzelnen Untersuchungen aussagen können und auch darüber, wie Sie diese richtig interpretieren. Wenn Sie am Ende irgendwelche Werte vorgelegt bekommen aber nicht wissen, was diese genau bedeuten, kann es schnell mal zu Missverständnissen und damit zu noch mehr Stress kommen.

Unser Tipp: Nutzen Sie hier Beratungsstellen wie pro familia (www.bzga.de), um sich ein besseres Bild über Ihre Möglichkeiten zu verschaffen und darüber, was Sie wirklich in Anspruch nehmen wollen.

Damit Sie wissen, was während der Schwangerschaft an Untersuchungen ansteht, geben wir Ihnen hier einmal eine Übersicht mit:

Termin	Schwangerschaftswoche	Untersuchungen
Erstvorstellung	6-10	Die Schwangerschaft wird durch einen Ultraschall bestätigt. Durchführung der gesamten Anamnese. Bestimmung des Hämoglobinwerts und der Blutgruppe. Test auf Antikörper.
1. Termin	11	1. Screening Bestimmung des Schwangerschaftsalters. Vaginale Untersuchung. Zervixabstrich und Chlamydienabstrich. Falls gewünscht auch Nackenfaltenmessung, Chorionbiopsie, Erstellung Laborwerte.
2.Termin	15	Bei Bedarf besteht hier die Möglichkeit einer Amniozenteseuntersuchung.
3. Termin	18	2. Screening. Untersuchung des Wachstums, Fruchtwasser und der Plazenta. Kontrolle der Organentwicklung. Diagnose auf eine mögliche Fehlbildung.

Termin	Schwangerschaftswoche	Untersuchungen
4. Termin	22	Antikörpersuchtest. Gegebenenfalls Durchführung eines Glukosebelastungstests.
5. Termin	26	Feststellung des Hämoglobinwerts.
6. Termin	30	3. Screening. Untersuchung von Fruchtwasser, Plazenta und Wachstum des Kindes.
7. Termin	34	Erneut Feststellung des Hämoglobinwerts. Hepatitis-B Serologie in der 32. SSW.
8. Termin	36	Zwischen der 35. und der 37. SSW besteht die Möglichkeit auf einen Abstrich zur Untersuchung auf B-Streptokokken.
9. Termin	38	Erneute Feststellung des Hämoglobinwerts.
10. Termin	40	Als zusätzliche Untersuchung besteht hier die Möglichkeit, eine sonografische Fruchtwassermessung vornehmen zu lassen.
Überschreitung des Geburtstermins		Durchführung einer Kardiotokografie.

Die Risikofaktoren

Neben dem Alter gibt es noch weitere Faktoren, die dazu führen können, dass eine Schwangere als Risikoschwangerschaft eingestuft wird:

- Komplikationen bei einer vorherigen Schwangerschaft
- Quer- oder Steißlage des Babys kurz vor dem Geburtstermin
- Chronische Erkrankungen der Frau
- Es liegt eine Mehrlingsschwangerschaft vor
- Vorangegangene Kaiserschnittgeburten
- Vorherige Operationen an der Gebärmutter
- Alter der werdenden Mutter liegt unter 18 Jahren
- Blutgruppenunverträglichkeit zwischen Mutter und Kind
- Bestehende Allergien bei Medikamenten und Lebensmitteln
- Blutarmut
- Zu hoher oder zu niedriger Blutdruck

Besprechen sie gemeinsam mit ihrer Hebamme oder dem Arzt, ob bei ihnen Risikofaktoren vorliegen und was sie dagegen tun können. Beruhigen Sie Ihre Partnerin, wenn sie verunsichert ist oder Angst hat und holen Sie fachlich fundierte Informationen ein, um Sicherheit zu geben. Viele Ängste und Sorgen sind nämlich unbegründet und es gibt heute viele erprobte Behandlungen, durch die eine Risikoschwangerschaft ohne Probleme abläuft.

Seien Sie bei den Ärzten auch hartnäckig und fragen lieber einmal mehr nach als zu wenig, wenn Sie etwas nicht zu 100% verstanden haben. Wenn Sie dann mit den Empfehlungen unsicher sind und sich nicht ganz wohl fühlen, dann zögern Sie nicht, sich eine zweite Meinung einzuholen. Es ist wichtig die Situation ganz genau zu verstehen, genauso wie die Möglichkeiten die sie beide haben. Andernfalls kann es schnell zu Irritationen, Unsicherheiten und vorschnellen Entscheidungen kommen.

Wie können Sie Ihre Partnerin bei Schwangerschaftsrisiken unterstützen?

Natürlich können Sie sich als werdender Vater auch bei diesem Thema einbringen und Unterstützung leisten. Dazu haben wir Ihnen hier einige Tipps beschrieben, die Ihnen helfen können:

Ernährung: Während der Schwangerschaft ist die Ernährung ein zentraler Faktor, der die Entwicklung und das Wohlbefinden von Ihrem Baby mitbestimmt. Daher unterstützen Sie Ihre Partnerin bei der Ernährung, indem sie beispielsweise einen gemeinsamen Ernährungsplan ausarbeiten und Sie das Kochen der Rezepte übernehmen. Worauf Sie in jedem Fall achten sollten, ist eine hochwertige Qualität der Nahrungsmittel, sowie einen ausgewogenen, vielseitigen Ernährungsplan, um die gesamte Bandbreite an benötigten Nährstoffen abzudecken. Auch eine vegetarische oder vegane Ernährung ist in der Schwangerschaft möglich, hier sollten Sie jedoch vorab Rücksprache mit dem Arzt halten, da es durchaus schwierig sein kann, den erhöhten Energiebedarf durch ausschließlich pflanzliche Nahrung zu decken. Hier stellen wir Ihnen einmal die Lebensmittelgruppen vor, die der Mutter in der Schwangerschaft guttun:

- Fleisch, Fisch (ausreichend erhitzt und niemals roh oder halbgar) und Eier, vorzugsweise mageres und hochwertiges Fleisch anstatt Wurstwaren
- Obst und Gemüse, Hülsenfrüchte
- Milch und Milchprodukte, jedoch keine Rohmilch (kann Listerien enthalten)
- Öle und Fette, vorzugsweise pflanzlichen Ursprungs
- Getreide und Kartoffeln, vorzugsweise Vollkornprodukte wie Reis, Vollkornmehl, Vollkornbrot und Vollkornnudeln

Atmosphäre schaffen: Erschaffen Sie in Ihrem Zuhause einen Bereich der Entspannung und Ausgeglichenheit. Gehen Sie nochmal Ihren Terminkalender durch und schauen Sie, was Sie verschieben oder ganz weglassen können, um mehr Zeit mit Ihrer Partnerin und Ihrem Ungeborenen zu verbringen. Stimmen sie sich gemeinsam auf das Familienleben ein und reden sie über die wunderbar aufregende Zeit, die vor ihnen liegt. Auch gemeinsame Aktivitäten, wie das Einrichten oder Planen des Kinderzimmers oder der bevorstehende Umzug in eine größere Wohnung, kann Vorfreude wecken und Zuversicht schaffen.

Die übereifrige Partnerin: Manche Frauen können auch während der Schwangerschaft nicht locker lassen und wollen alles eigenhändig stemmen. Hier dürfen Sie als Mann ruhig etwas eingreifen und Ihre Partnerin bremsen und ermahnen, sich zurückzuhalten. Das klingt etwas nach Macho, allerdings finden Frauen es sehr schön, wenn der Vater Fürsorge zeigt und gelegentlich ein kleines Machtwort spricht. Wenn sie auf einen Stuhl klettert, um etwas aus dem obersten Regal zu holen, dann holen Sie sie runter und machen es selbst. Dasselbe gilt für das Tragen des Einkaufs oder andere sportliche Aktionen. Dies kommuniziert Ihre Anteilnahme als Mann. Achten Sie aber darauf, es hier auf keinen Fall zu übertreiben. Keine Frau will herumkommandiert werden. Es geht hierbei in erster Linie darum, Ihren Einwand mit einem Augenzwinkern zu vermitteln, der Partnerin das Gefühl zu geben, dass Sie bei der Schwangerschaft voll dabei sind und letzten Endes auch zu verhindern, dass sie sich durch übereifrige Aktionen verletzt.

So bereiten Sie sich auf die Geburt vor

Den richtigen Geburtsort wählen

Die Wahl des richtigen Geburtsorts fällt Paaren nicht immer leicht, schließlich haben alle ihre Vor- und Nachteile und man muss sich ausreichend informieren, um seine Entscheidung mit einem guten Bauchgefühl treffen zu können. Aber was bedeutet der „richtige" Geburtsort? Nun, das ist der Ort, bei dem Sie und Ihre Partnerin das beste Gefühl haben und bei dem sie der Meinung sind, dass sie hier das schönste Geburtserlebnis haben werden. Eine Geburt ist in der Regel mit viel Stress verbunden. Sie fordert Stärke, Durchhaltevermögen und gemeinsame Unterstützung von Ihnen und Ihrer Partnerin ein. Daher ist es wichtig, den Geburtsort so zu wählen, dass sie beide sich möglichst wohl und gut versorgt fühlen. Das kann beruhigen und insbesondere für die Mutter die Situation erleichtern, was dann wiederum zu einem angenehmeren Geburtsverlauf führt. Daher schauen wir uns in diesem Kapitel einmal die möglichen Geburtsorte an und erläutern im Einzelnen die Vor- und Nachteile.

Man unterscheidet zwischen klinischer und außerklinischer Geburtshilfe. Bei **klinischen Geburten** haben Sie die Wahl zwischen einem stationären oder einem ambulanten Aufenthalt in der Klinik. Der Unterschied ist der, dass beim ambulanten Aufenthalt die Mutter nur wenige Stunden nach der Geburt mit dem Baby nachhause kommt, während sie bei einer stationären Geburtshilfe noch ein paar Tage im Krankenhaus bleibt. Zu den **außerklinischen Geburten** zählen das Geburtshaus und Hausgeburten.

Die stationäre Geburt

Hierbei handelt es sich um eine Geburt in der Klinik, bei der die Mutter im Anschluss einige Tage im Krankenhaus bleibt. Wie lange der Aufenthalt dauern soll ist nicht festgelegt. Dies ist abhängig vom Geburtsverlauf und dem Gesundheitszustand der Mutter. Die meisten Frauen verbringen etwa 3 bis 4 Tage stationär in der Klinik. Der Zeitpunkt der Entlassung steht fest, wenn alle Vorsorgeuntersuchungen abgeschlossen sind und die Wundheilung gut verläuft. Diese Variante ist bei Frauen, die ihr erstes Kind bekommen, sehr beliebt, da sie noch keine Erfahrung mit Babys haben und deshalb auf eine sichere Umgebung mit qualifiziertem Fachpersonal setzen, um sich in aller Ruhe auf das Kind einzustimmen. Bei einer Kaiserschnittgeburt dauert der Aufenthalt in der Regel länger.

Sie haben auch die Möglichkeit auf ein **Familienzimmer**. Dabei werden Sie als Vater ebenfalls im Krankenhaus übernachten, zusammen mit Ihrer Partnerin und dem Neugeborenen. Leider bezahlt dies keine gesetzliche Krankenkasse, also müssen Sie gegebenenfalls die Kosten selber tragen. Diese können in den verschiedenen Kliniken ganz unterschiedlich ausfallen, insbesondere, da Sie oft die Wahl für zusätzlichen Komfort haben, wie ein extra großes Bett oder eine bessere Verpflegung. Womit Sie rechnen können sind 50€ bis 100€ Zuzahlung pro Tag. Wenn Sie sich für eine Klinik entschieden haben, holen Sie sich hier Informationen über die Preise und Leistungen ein. Nutzen Sie auch Kreißsaalführungen, um sich ein genaues Bild der einzelnen Einrichtungen zu verschaffen. Hier haben Sie auch die Möglichkeit Fragen zu den Themen zu stellen, die noch nicht ganz klar sind. Bei privaten Krankenversicherungen können die Kosten unter Umständen übernommen werden. Sprechen Sie hier einfach mal mit Ihrem Berater.

Vor- und Nachteile einer stationären Geburt

	Vorteile	Nachteile
Medizinisch	◆ Unmittelbare, medizinische Versorgung ◆ Breite Auswahl an Medikamenten zur Schmerzlinderung ◆ Rund um die Uhr Betreuung durch Hebamme ◆ Vorab Planung der Geburt und des Umgangs mit dem Neugeborenen möglich	◆ Durch erhöhtes Keimaufkommen im Krankenhaus steigt das Infektionsrisiko für Mutter und Kind
Während der Geburt	◆ Sie kennen Ihre Hebamme bereits, das schafft Vertrauen ◆ Durch eine vorangegangene Kreißsaalführung ist die Klinik bereits bekannt	◆ Keine freie Hebammenwahl (Ausnahme: Begleithebamme) ◆ Bei langer Geburtsdauer: Schichtwechsel der Hebammen möglich ◆ Es besteht die Chance, dass eine Hebamme mehrere Frauen betreuen muss ◆ Klinikalltag kann störend wirken
Nach der Geburt	◆ Vater, Mutter und Kind sind direkt zusammen (insbesondere beim Familienzimmer) ◆ Viel Ruhe und Erholung ist gegeben ◆ Rund um die Uhr Unterstützung mit dem Baby ◆ Unterstützung beim Stillen ◆ Möglichkeit zu anderen Eltern Kontakt zu knüpfen (Erfahrungsaustausch)	◆ Bei Mehrbettzimmer viel Lärm durch schreiende Babys ◆ Überschätzung der Mutter im Wochenbett (da in der Klinik noch Unterstützung gegeben war)

Die ambulante Geburt

Die ambulante Geburt bietet der Mutter dieselbe Sicherheit wie eine stationäre Geburt. Durch den Aufenthalt in der Klinik ist eine schnelle medizinische Versorgung durch Fachpersonal und technische Ausstattung gewährleistet. Nach der Entbindung bleibt die Mutter jedoch nicht in der Klinik, sondern kann nach etwa 2 bis 6 Stunden bereits nachhause. Abhängig von ihrem Gesundheitszustand und dem Geburtsverlauf, kann dieser Zeitraum variieren oder, bei medizinischer Notwendigkeit, ganz abgelehnt werden. Die Frauen fühlen sich in den eigenen vier Wänden wohler und die Umgebung ist ihnen vertraut. Daher wünschen sich viele Mütter eine solche Umgebung, um mit ihrem Baby warm zu werden. Tatsächlich wird die Möglichkeit einer ambulanten Geburt jedoch selten wahrgenommen. Schätzungen zufolge liegt der Anteil hier bei etwa 2% aller Geburten. Ein Grund dafür kann sein, dass gerade Frauen, die ihr erstes Kind bekommen, es sich nicht zutrauen das Neugeborene ohne Aufsicht zu versorgen. Bei Müttern, die ihr zweites oder drittes Kind bekommen, kommt die ambulante Geburt schon eher in Frage.

Vor- und Nachteile einer ambulanten Geburt

	Vorteile	Nachteile
Medizinisch	◆ Unmittelbare, medizinische Versorgung ◆ Breite Auswahl an Medikamenten zur Schmerzlinderung ◆ Rund um die Uhr Betreuung durch Hebamme ◆ Vorab Planung der Geburt und des Umgangs mit dem Neugeborenen möglich	◆ Die Vorsorgeuntersuchung (U2) für das Baby muss selbst organisiert werden ◆ Durch erhöhtes Keimaufkommen im Krankenhaus steigt das Infektionsrisiko für Mutter und Kind
Während der Geburt	◆ Sie kennen Ihre Hebamme bereits, das schafft Vertrauen ◆ Durch eine vorangegangene Kreißsaalführung ist die Klinik bereits bekannt	◆ Keine freie Hebammenwahl (Ausnahme: Begleithebamme) ◆ Bei langer Geburtsdauer: Schichtwechsel der Hebammen möglich ◆ Es besteht die Chance, dass eine Hebamme mehrere Frauen betreuen muss ◆ Klinikalltag kann störend wirken
Nach der Geburt	◆ Vater, Mutter und Kind sind direkt zusammen (insbesondere beim Familienzimmer) ◆ Viel Ruhe und Erholung ist gegeben ◆ Rund um die Uhr Unterstützung mit dem Baby ◆ Unterstützung beim Stillen ◆ Geschwisterkinder bekommen direkt Kontakt zum Baby	◆ Überschätzung der Mutter im Wochenbett ◆ Bei Komplikationen steht keine unmittelbare Hilfe zur Verfügung und es folgt eine Rückverlegung in die Klinik

Die Hausgeburt

Hier haben Sie den großen Vorteil, dass die Geburt in einer vertrauten Umgebung stattfindet. Das kann für mehr Entspannung und damit einen leichteren Geburtsverlauf sorgen, allerdings bestehen hier nicht die medizinisch-technischen Möglichkeiten einer Klinik. Daher kann eine Hausgeburt nur unter bestimmten Voraussetzungen stattfinden. So muss die Schwangerschaft ohne Komplikationen verlaufen sein und es dürfen keine Ausschlussfaktoren vorliegen. Solche Faktoren können eine ungünstige Lage des Kindes oder eine Mehrlingsschwangerschaft sein. Ihre Hebamme wird hier eine Einschätzung treffen und darüber entscheiden, ob eine Hausgeburt möglich ist oder die Entbindung besser im Krankenhaus stattfinden soll. Sie sollten wissen, dass die Zahl der Hebammen für Hausgeburten in den letzten Jahren zurückgegangen ist. Grund dafür sind sicher die Hürden, welche freiberuflich tätige Hebammen erstmal stemmen müssen. So ist jede Hebamme, die freiberuflich tätig ist, dazu verpflichtet eine Berufshaftpflichtversicherung abzuschließen, welche mittlerweile über 9000€ im Jahr kosten kann. Daher entscheiden sich Viele, ihre Arbeit aufzugeben oder in ein Angestelltenverhältnis bei einer Klinik zu wechseln. Sie sollten sich also rechtzeitig um eine passende Hebamme kümmern.

Haben Sie eine Hebamme gefunden, dann wird sie Ihnen sagen, was Sie alles für eine Hausgeburt benötigen. Diese muss nämlich gut vorbereitet sein und Sie sollten alle erforderlichen Utensilien frühzeitig beschaffen. Denken Sie auch daran, die Kliniktasche zu packen für den Fall, dass die Hebamme beschließt die Geburt doch in ein Krankenhaus zu verlegen.

Für Sie als Mann bedeutet eine Hausgeburt einen noch stärkeren Einsatz, als es in der Klinik der Fall wäre. Außer Ihnen, Ihrer Partnerin und der Hebamme ist sonst niemand da, also wird sich die Hebamme stets an Sie wenden, wenn etwas getan werden muss. Es wird also viel von Ihnen abverlangt. Wenn Sie über eine Hausgeburt nachdenken, dann binden Sie diesen Aspekt in Ihre Überlegungen mit ein. Wenn Sie das Gefühl haben, dass Sie der Situation nicht gewachsen sein könnten, dann überlegen Sie mit Ihrer Partnerin, wen sie beide noch um Hilfe bitten können. Eventuell wäre es auch besser, den Geburtsort neu zu überdenken.

Vor- und Nachteile einer Hausgeburt

	Vorteile	Nachteile
Medizinisch	◆ Hebamme investiert viel Zeit in die Betreuung, wodurch ein angenehmer Geburtsverlauf mit weniger Komplikationen entstehen kann ◆ Sie können vorab genau besprechen, wie die Geburt und der Umgang mit dem Baby stattfinden soll	◆ Nur wenig medizinische Ausrüstung ◆ Sie müssen die Voruntersuchung (U2) selbst organisieren
Während der Geburt	◆ Sie kennen Ihre Hebamme bereits, das schafft Vertrauen ◆ Sie müssen nicht zwischen Klinik und Zuhause pendeln ◆ Vertraute Umgebung	◆ Wenn die Geburt sehr lange geht, kann es zur Erschöpfung der Hebamme kommen (kein Schichtwechsel) ◆ Bei Komplikationen muss ein Wechsel während der Geburt ins Krankenhaus erfolgen
Nach der Geburt	◆ Vater, Mutter und Kind sind direkt zusammen ◆ Viel Ruhe und Erholung nach der Geburt ist gegeben ◆ Erste Unterstützung mit dem Baby durch Hebamme ◆ Unterstützung beim Stillen ◆ Geschwisterkinder bekommen direkt Kontakt zum Baby	◆ Überschätzung der Mutter im Wochenbett ◆ Bei Komplikationen steht keine unmittelbare Hilfe zur Verfügung und es folgt eine Verlegung in die Klinik

Das Geburtshaus

Ein Geburtshaus ist eine Einrichtung, die von Hebammen geleitet wird. Es ist meist sehr wohnlich gestaltet und bietet eine vertraute Atmosphäre. Damit hebt es sich deutlich von der sterilen, kalten Klinikumgebung ab. Auch geht es in einem Geburtshaus in der Regel ruhiger und gelassener zu, als im Klinikalltag. Es stehen verschiedene Hilfsmittel zur Auswahl, wie eine Gebärwanne (für eine Wassergeburt), Gebärhocker oder auch Seile. Nach der Geburt wird die Mutter meist nach nur wenigen Stunden entlassen. In manchen Geburtshäusern gibt es allerdings auch eine Wochenbett-Station, wo Mutter und Kind noch ein paar Tage bleiben können, um sich zu erholen und bei Bedarf auf fachmännisches Personal zurückgreifen zu können. In Deutschland gibt es rund 80 Geburtshäuser. Auf der Website des Hebammenverbands können Sie herausfinden, ob sich eines davon in Ihrer Nähe befindet (https://www.hebammenverband.de/familie/geburtshaeuser/).

Die Geburtshäuser haben meist ein breites Angebot an zusätzlichen Dienstleistungen, die über die Entbindung hinausgehen:

- Schwangerschafts-Vor- und Nachsorge
- Schwangerschaftsyoga
- Regelmäßige Informationsveranstaltungen
- Erste-Hilfe-Kurse für Eltern
- Rückbildungskurse
- Organisation von Still-Treffs für Mütter
- Uvm.

Die Angebote unterscheiden sich in den jeweiligen Geburtshäusern, daher informieren Sie sich vorab, was bei dem Geburtshaus in Ihrer Nähe möglich ist. Da hier aber keine Ärzte und wenig medizinische Hilfsmittel vorhanden sind, muss die werdende Mutter auch hier ein paar Voraussetzungen erfüllen. Diese ähneln den Bedingungen bei einer Hausgeburt. Es dürfen keine Ausschlusskriterien vorliegen wie:

- Schwangerschaftsdiabetes
- Ungünstige Lage des Kindes
- Komplikationen während der Schwangerschaft
- Mehrlingsschwangerschaft
- Gerinnungsstörungen
- Präeklampsie
- Bluthochdruck
- HELLP-Syndrom

Sollte es während der Geburt zu Komplikationen kommen, dann wird ein Arzt dazu geholt oder es wird eine Verlegung in eine Klinik veranlasst. Viele Geburtshäuser arbeiten mit Kliniken zusammen, welche sich ganz in der Nähe befinden. Sollten Sie ein Geburtshaus als Wunschort wählen, dann müssen Sie schnell sein, da die Plätze rasch vergeben sind. Informieren Sie sich auch bei Ihrer Krankenkasse über die Kostendeckung. Die meisten gesetzlichen Krankenkassen übernehmen jedoch den vollen Preis oder zumindest einen Teilbetrag des Aufenthalts.

Vor- und Nachteile beim Geburtshaus

	Vorteile	Nachteile
Medizinisch	◆ Hebamme investiert viel Zeit in die Betreuung, wodurch ein angenehmer Geburtsverlauf mit weniger Komplikationen entstehen kann ◆ Sie können vorab genau besprechen, wie die Geburt und der Umgang mit dem Baby stattfinden soll	◆ Nur wenig medizinische Ausrüstung ◆ Sie müssen die Voruntersuchung (U2) selbst organisieren
Während der Geburt	◆ Sie kennen Ihre Hebamme bereits, das schafft Vertrauen ◆ Guter Mix aus medizinischem Fachpersonal und heimischer Atmosphäre	◆ Nicht zwangsläufig freie Wahl der Hebamme ◆ Bei langer Geburtsdauer: Schichtwechsel der Hebammen möglich (Ausnahme: Begleithebamme) ◆ Eine Hebamme kann mehrere Gebärende betreuen ◆ Bei Komplikationen: Ortswechsel ins Krankenhaus
Nach der Geburt	◆ Vater, Mutter und Kind sind direkt zusammen ◆ Viel Ruhe und Erholung nach der Geburt ist gegeben ◆ Erste Unterstützung mit dem Baby durch Hebamme ◆ Unterstützung beim Stillen ◆ Geschwisterkinder bekommen früh Kontakt zum Baby	◆ Überschätzung der Mutter im Wochenbett ◆ Bei Komplikationen steht keine unmittelbare Hilfe zur Verfügung und es folgt eine Verlegung in die Klinik

Geburtsvorbereitungskurse

Ein solcher Kurs kann Ihnen und Ihrer Partnerin dabei helfen, sich mental auf die bevorstehende Geburt einzurichten und Ihnen wertvolle Tipps und Handlungsempfehlungen mitgeben. Sie erhalten Informationen darüber, was während einer Geburt anatomisch passiert und bekommen so ein tiefergehendes Verständnis für die Phasen einer Geburt, die Handlungsmöglichkeiten des Arztes und dafür, was der Körper Ihrer Partnerin alles leisten muss.

Darüber hinaus werden Ihnen Atemtechniken gezeigt, die die Mutter während der Geburt, aber auch schon während der Schwangerschaft anwenden kann, um zur Ruhe zu kommen, zu entspannen und dem Kind etwas Gutes zu tun. Sie lernen auch mögliche Geburtspositionen kennen und erhalten ein noch genaueres Bild des eigentlichen Geburtsprozesses. Dies kann die Frau dabei unterstützen, eine entspannte Geburt zu erleben. Sie erhalten professionelle Tipps zur Linderung von Schwangerschaftsbeschwerden und nicht zuletzt haben Sie die Möglichkeit, Kontakt zu anderen Männern aufzunehmen, welche sich in derselben Situation befinden wie Sie. Der Erfahrungsaustausch, der hierbei entsteht, kann dazu beitragen Fragen zu klären, auf die Sie bisher keine Antworten hatten. Schließlich machen alle werdenden Väter auch ihre eigenen Erfahrungen in der Schwangerschaft, die sich oft sehr vielseitig voneinander unterscheiden und mit denen sie anderen Männern helfen können.

Die gesetzlichen Krankenkassen übernehmen dabei die Kosten für die Frau. Wenn Sie in derselben Krankenversicherung angemeldet sind, dann stehen die Chancen gut, dass auch die Kosten für Sie übernommen werden. Andernfalls kann es sein, dass Ihre Krankenkasse sich sträuben wird. Informieren Sie sich bei Ihrem Berater, was Sie hier für Möglichkeiten haben.

Es existieren Geburtsvorbereitungskurse für Paare und reine Frauenkurse, bei denen im Kursverlauf einzelne Partnerstunden angeboten werden, wo Sie als Mann dabei sein können. Die Kurspläne unterliegen keinem einheitlichen Standard, wodurch sie sich stark voneinander unterscheiden können. Ein Geburtsvorbereitungskurs wird im Idealfall von der Hebamme geleitet, die Ihre Partnerin auch bei der Geburt begleiten wird. Sollte Ihre Hebamme keinen Kurs anbieten, dann fragen Sie sie nach Empfehlungen. Sie wird Ihnen hier sicher weiterhelfen können und Bescheid wissen, was die genauen Inhalte der empfohlenen Kurse sind. Organisieren Sie den Kurs so, dass das Kursende ungefähr 4 Wochen vor dem errechneten Geburtstermin liegt. So vermeiden Sie es, dass Ihr Kind auf die Welt kommt, noch bevor der Kurs begonnen hat und das gelernte Wissen ist am Tag der Geburt noch frisch abrufbar. Ein guter Geburtsvorbereitungskurs sollte folgende Anforderungen erfüllen:

- Informationen über die Entwicklung Ihres Kindes und den Schwangerschaftsverlauf
- Der Geburtsverlauf wird sehr gut erklärt
- Aufzeigen von möglichen Geburtspositionen
- Aufzeigen von Möglichkeiten zur Schmerzverarbeitung und Entspannung
- Aufklärung über den Einsatz von Medikamenten zur Schmerzlinderung
- Tipps und Handlungsempfehlungen für Sie als Geburtsbegleiter
- Ebenfalls Tipps für die erste Zeit nach der Geburt (Wochenbett, stillen, usw.)
- Idealerweise (aber nicht immer gegeben) werden Sie auch über die Zeit nach der Geburt informiert, im Hinblick auf mögliche Veränderungen in der Partnerschaft, Aufgaben- und Zeitverteilung, den Übergang zur Elternschaft und wie sie beide damit umgehen können

Väter in Geburtsvorbereitungskursen

Als werdender Vater wird es Sie sicherlich interessieren, was für medizinische und technische Unterstützung bei der Geburt zum Einsatz kommen kann. Auf diese Weise sind Sie voll im Bilde und wissen, was im Ernsthaft getan werden kann. Dies ist ein natürlicher Instinkt, schließlich wollen Sie, dass Ihre Partnerin und Ihr Kind die Geburt gut meistern und wohl auf sein werden. Die Atem- und Entspannungsübungen dagegen, werden von Vätern eher als lästig wahrgenommen, insbesondere wenn sie selbst an diesen Übungen teilnehmen müssen. Es hat sich jedoch gezeigt, dass Väter, die sich hier aktiv eingebracht haben, sich im Nachhinein sicherer bei der Geburt gefühlt haben. Sie kannten die Entspannungstechniken ihrer Partnerinnen und konnten sich daher besser darauf einlassen und Unterstützung leisten. Dasselbe gilt für die Geburtsposition Ihrer Partnerin. Wenn Sie wissen, wie sie es gerne haben möchte und die Positionen immer wieder gemeinsam geübt haben, dann sind Sie bei der Geburt einfach schneller und sicherer dabei. Ihre Partnerin wird die Gewissheit haben, dass Sie genau wissen was zu tun ist und das gibt auch ihr ein Gefühl der Sicherheit, weil sie sich auf Sie verlassen kann. Dadurch kann sie deutlich besser entspannen, die Muskeln verkrampfen weniger und dies minimiert das Risiko von Geburtsverletzungen.

Die Hebamme, welche den Kurs leitet, wird die Paare fragen, welche Themen sie im Kurs gerne besprechen möchten. Dies ist eine gute Chance, um als Mann die Initiative zu ergreifen und seine „väterbezogenen" Themen zu äußern. Grundsätzlich richten sich die Kurse an die werdenden Mütter und deren Bedürfnisse, Fragen und Sorgen. Im Zeitalter engagierter Väter müssen wir uns darum bemühen, dass auch unsere Anliegen angemessen berücksichtigt werden. Machen Sie sich also Gedanken darüber, worüber Sie gerne sprechen möchten. Andere Väter im Kurs werden sicher ebenfalls ihre Gedanken dazu haben und entsprechend dankbar sein, wenn Sie beginnen darüber zu reden.

- Was für Befürchtungen oder Wünsche haben Sie bezogen auf die Geburt?
- Was wollen Sie bei der Geburt sehen und was nicht?
- Wollen Sie überhaupt bei der Geburt dabei sein oder haben Sie ernste Bedenken und überlegen besser Abstand zu halten?
- Was wollen Sie über die erste Zeit mit Baby zuhause wissen?
- Wie können Sie Ihre Partnerin ideal im Wochenbett unterstützen?
- Was für Möglichkeiten haben Sie, Ihr Kind in seiner Entwicklung zu fördern?
- Usw.

Dies sind nur ein paar Anregungen und es gibt eine breite Vielfalt an Fragen, die werdende Väter beschäftigen. Gehen Sie in sich, nehmen Sie sich Zeit und schreiben Sie die Dinge auf, über die Sie mehr erfahren wollen.

Der Nestbau

Die Zeit der Schwangerschaft ist auch die Zeit des Nestbaus. Ein neues Familienmitglied ist auf dem Weg, also müssen Anschaffungen erledigt werden und eventuell brauchen Sie größere Räumlichkeiten. Möglicherweise ist die bevorstehende Geburt auch der Grund, weswegen Sie jetzt mit Ihrer Partnerin zusammenziehen werden. Diese Situation kann schnell Stress und Kosten verursachen. Das wird sich auch nicht ganz vermeiden lassen, allerdings gibt es mittlerweile sehr viele Utensilien, die Ihrem Baby und ihnen als Eltern das Leben vermeidlich erleichtern sollen. Tatsache ist, dass Sie auf die meisten Dinge sehr gerne verzichten können und nicht zwangsläufig viel Geld investieren müssen. Die Grundbedürfnisse eines Babys sind die Nähe und Geborgenheit durch die Eltern und natürlich möchte es auch immer satt sein. Darauf sollten Sie immer den Fokus richten, alles andere ist sekundär. Es ist also nicht notwendig, dass Sie sich direkt eine teure Wohnung oder ein

Haus leisten, welches eine finanzielle Belastung darstellt. Schließlich müssen Sie für dieses Geld auch arbeiten, vielleicht einen Nebenjob annehmen und dies ist alles Zeit, welche Sie nicht mehr übrig haben, um sie mit Ihrer Familie zu verbringen.

Aus Umfragen geht hervor, dass die meisten werdenden Väter weniger Elternzeit nehmen, als sie gerne würden. Grund dafür ist unter anderem ein höheres Einkommen als das der Partnerin. Im Hinblick auf die aktive Vaterschaft möchten wir Ihnen hier den Hinweis geben, dass der Verzicht auf manchen Komfort Ihnen Freiräume für die Familie schafft. Besprechen Sie gemeinsam mit Ihrer Partnerin, was für Ansprüche sie beide haben und worauf verzichtet werden kann. Der Zweitwaagen oder eine Designer-Einrichtung sind nicht immer erforderlich. Vorrangig sollte hier die Zeit als Familie stehen. Auch benötigt das Neugeborene nicht von Beginn an sein eigenes Zimmer. Laut Forschungen schlafen Babys am besten in einem eigenen Bett oder einer Wiege im Elternschlafzimmer. So haben Sie es gut im Blick und das Kind spürt die Nähe zu den Eltern, was dafür sorgen kann, dass es leichter in den Schlaf findet.

Was genau Sie für Ihr Baby kaufen sollten, hängt unter anderem davon ab, ob es in einer warmen oder kalten Jahreszeit geboren wird. Daher unterscheidet die folgende Checkliste zwischen Sommer- und Winterbabys. Sie soll Ihnen eine Übersicht bieten, worauf Sie sich einstellen können, ist allerdings kein in Stein gemeißeltes Gesetz. Je nach Situation und Bedarf kann es sein, dass Sie einige Dinge schlichtweg nicht brauchen oder eben sich noch das ein oder andere dazu leisten wollen:

Sommerbabys

Wenn Ihr Kind im Sommer geboren wird, dann sollte folgende Kleidung im Schrank vorhanden sein:

- 6 Langarmshirts, 3 davon in Größe 56 und 3 weitere in Größe 62. Diese können über den Body gezogen werden oder unter einen Strampler
- 10 Wickelbodys mit langen Ärmeln, 5 davon in Größe 56 und 5 in Größe 62
- 6 Strampler, 3 davon in Größe 56 und 3 in Größe 62
- 2 Paar Söckchen
- 2 dünne Mützchen
- 1 Babydecke

Winterbabys

- 6 Langarmshirts aus dickerem Material, 3 davon in Größe 56 und 3 in Größe 62. Wie bei den Sommerbabys können diese über den Body oder unter einen Strampler gezogen werden
- 10 Wickelbodys mit langen Ärmeln aus dickerem Material wie Baumwolle, 5 davon in Größe 56 und 5 in Größe 62
- 6 Strampler, 3 davon in Größe 56 und 3 in Größe 62
- 1 dickere Wollmütze und 2 dünnere Mützchen
- 2 dickere Jäckchen, 1 in Größe 56 und 1 in Größe 62
- 2 Paar warme Babyschuhe
- 2 Paar Socken aus Wolle
- 1 Babydecke
- Eventuell 1 Thermoanzug für sehr kalte Tage

Das benötigt Ihr Baby zum Schlafen

- Gitterbett mit Matratze
- 4 Bettlaken
- 2 Schlafsäcke, in denen das Baby eng verpackt ist
- Eventuell ein Babyfon mit Bewegungssensoren. Diese registrieren die Atmung des Kindes und geben Alarm, wenn die Atmung aussetzt. Achten Sie hier ganz genau auf die Auswahl. Produkte minderer Qualität neigen eher dazu einen Fehlalarm zu verursachen, der Ihnen schon mal einen Schreck versetzen kann

Pflegeprodukte für Ihr Baby

- Eventuell 1 Wärmelichtstrahler über der Wickelkommode, wenn Sie keine regulierbare Heizung in der Wohnung haben. Nach dem Baden wärmt der Strahler das Baby auf der Wickelkommode, während Sie es anziehen
- 1 Wickelkommode mit 1 Wickelauflage
- Papiertücher zum Saubermachen
- Cremes zum Auftragen während des Wickelns
- Fieberthermometer
- Babywanne zum Baden
- 1 Eimer für die Windeln
- 6 Waschhandschuhe
- 2 Badetücher
- 4 Handtücher
- 1 Kirschkernkissen
- 10 Spucktücher

- 1 Haarbürste für das Baby mit weichen Borsten
- 1 Babyschere
- 25 Mullwindeln mit 1 Packung Windeleinlagen und 6 Windelhosen. 3 davon in Größe 1 und 3 in Größe 2
- Hautpflegeprodukte zum Auftragen im Windelbereich, wie zum Beispiel Zinksalbe oder Pflanzenöle

Mit dem Baby unterwegs

- Kinderwagen
- Tragetuch oder Babytrage
- Wickeltasche
- Babyschale für kurze Wege

Sex während der Schwangerschaft

Die Schwangerschaft ist eine Situation, die für Paare, welche ihr erstes Kind bekommen, zunächst neu und ungewohnt ist. Der Körper Ihrer Partnerin verändert sich schnell. Das kann bei Männern ganz unterschiedliche Gefühle hervorrufen. Während die einen davon sehr angetan sind, fühlen sich andere verunsichert und haben weniger Lust auf Sex. Viele Frauen haben zudem Angst vor Verletzungen und davor, ihrem Kind durch Sex zu schaden. Das 2. Trimester gilt bei sehr vielen Paaren als der Höhepunkt der Lust. Die Veränderungen beim Körper der Frau wirken auf viele Männer erotisch und anziehend. Genauso können Frauen ihren neuen Körper als sehr sexy ansehen und möchten häufiger Sex haben, als vor der Schwangerschaft. Dieser Effekt wird zudem durch die stärkere Durchblutung des Scheiden- und des Dammbereichs verstärkt.

Verhütung ist unnötig

Ein großer Pluspunkt für die Schwangerschaft, denn Sie müssen sich während dieser Zeit keine Gedanken um die Verhütung machen. Sex ist während der Schwangerschaft sowohl für Mutter als auch für das Kind unbedenklich. Nur bei Komplikationen und Schwangerschaftsbeschwerden kann es zu Einschränkungen kommen. Wenn sie beide sich nicht sicher sind, dann fragen sie vorab beim Gynäkologen nach, ob und in wie weit sie ihre Sexualität ausleben können. Die Angst davor, dass das Kind beim Sex durch Schaukeln und Rütteln in der Gebärmutter durchgeschüttelt wird und Schaden nimmt, ist ebenfalls unnötig. Denn es schwimmt dort im Fruchtwasser und nimmt höchstens ein sanftes hin und herschaukeln war. Wenn Sie sich unwohl dabei fühlen Sex zu haben, während das Kind im Bauch alles mitbekommt, dann sollten Sie sich etwas klar machen. Wenn Sie und Ihre Partnerin Sex haben, dann ist das ein Ausdruck ihrer Liebe zueinander, welcher von einer Welle aus Glückshormonen begleitet wird. Ihre Partnerin ist dadurch glücklicher und entspannter, was sich unmittelbar auf das Kind überträgt und für einen besseren Schwangerschaftsverlauf sorgen kann. Auch ist es anatomisch nicht möglich, dass der Penis bis zum Kind durchdringt.

Viel wichtiger ist die Frage, wie es ihnen dabei geht. Für ihre Beziehung ist es wichtig, dass sie beide offen darüber sprechen und ihre Gedanken und Empfindungen dem Anderen mitteilen. Es kommt nicht selten vor, dass sich einer der beiden Partner zurückgewiesen fühlt, wenn dem Anderen die Lust auf Sex vergeht. Diese Sorge ist unnötig und sollte ihre Beziehung nicht belasten. Schließlich handelt es sich bei einer Schwangerschaft um eine ganz spezielle Situation im Leben (die vielleicht sogar das erste Mal erlebt wird) und jeder geht anders damit um. Sie sollten jedoch nicht allgemein auf Zärtlichkeiten verzichten, da durch gemeinsames Kuscheln, Küssen usw. das Bindungshormon Oxytocin ausgeschüttet wird. Durch die Pflege ihrer körperlichen Beziehung kann die Verbindung zwischen ihnen gestärkt werden und insbesondere in der Schwangerschaft ein Gefühl der Verbundenheit zu dritt als Familie fördern.

Wann sollten Sie auf Sex verzichten?

Es kann vorkommen, dass Ihre Partnerin nach dem Sex leichte Schmerzen verspürt oder merkt, wie ihr Bauch härter wird. Dies ist zunächst nicht weiter schlimm. Sollte es zu Blutungen kommen, dann muss Ihre Partnerin einen Termin bei ihrem Gynäkologen machen und sich untersuchen lassen. Bis der Arzt seinen Befund nennt, sollten Sie bis dahin auf Sex verzichten.

Neben den Blutungen sollten Sie ebenfalls bei einem verkürzten Gebärmutterhals, Frühwehen oder starken Schmerzen den Sex zunächst sein lassen. Wenn Ihre Partnerin nahe am Geburtstermin ist, dann sollten Sie wissen, dass Sex die Wehen auslösen kann. Dies wird zum einen durch das Sperma bewirkt, zum anderen durch die Kontraktionen der Gebärmutter, die bei einem Orgasmus entstehen.

Seelische Vorbereitung auf das Vater-Sein

Neben den organisatorischen Angelegenheiten, müssen Sie sich bei Ihrem ersten Kind auch mental auf das Vater-Sein vorbereiten. Aufgrund der vielen Veränderungen, die auf Sie zukommen, wäre es für Sie hilfreich, wenn Sie sich zuvor ausgiebig mit wichtigen Fragen auseinandergesetzt haben. Da Sie ein engagierter Vater sein wollen, der sich bestmöglich in die Erziehung seines Kindes einbringt, legen Sie durch die seelische Vorbereitung alle Weichen, um Ihre persönliche Richtung als Vater zu finden. Was Sie dafür tun können, erfahren Sie auf diesen Seiten.

Was für eine Art Vater möchten Sie sein?

Die Rolle des aktiven Vaters ist noch ein sehr junges Familienkonzept, weshalb Sie es nicht allzu leicht haben, sich an Vorbildern oder festen Grundregeln des Vater-Seins zu orientieren. Sie können nicht wie Ihre männlichen Vorfahren, das klassische Schema als Ernährer und Beschützer für sich einfach anwenden und damit wäre das Thema erledigt. Deshalb müssen Sie sich mit der Frage auseinandersetzen, was für ein Vater Sie sein wollen und wie Sie dieser Vater werden können. Es stellt sich die Frage: Wie sollen Sie das tun, wenn Sie keine oder nur wenige Bezugspunkte haben? Die Antwort lautet: Sie müssen sich eine Vorstellung davon machen, wer Sie sein wollen und sich dann immer wieder ausprobieren. Dies klingt vielleicht etwas mühselig, kann aber auch Spaß machen. Auf diese Weise lernen Sie sich selbst besser kennen, Sie erfahren was funktioniert und was nicht und am Ende durchleben Sie so eine Entwicklung, welche Sie an Ihr Ziel bringen wird.

Wir geben Ihnen hier ein paar Fragen mit, die Sie für sich beantworten können, um einen ersten Schritt zu machen, der Ihnen ein klares Bild Ihrer Ziele verschafft. Wenn Sie sich an die Übung machen, dann nehmen Sie sich dafür genügend Zeit. Machen Sie sie nicht nebenbei, weil Sie eben ein bisschen Zeit haben, die Sie mit irgendetwas füllen wollen. Gehen Sie stattdessen in sich und beantworten Sie die Fragen gewissenhaft und gut überlegt.

Übung: Wie finde ich meinen eigenen Weg als Vater?

Kramen Sie die alten Kinderfotos von sich heraus, welche Sie mit Ihrem Vater oder einer väterlichen Bezugsperson zeigen. Nehmen Sie Bilder von verschiedenen Altersstufen Ihres Lebens. Dann versetzen Sie sich in die Situation auf dem Foto. Ganz wichtig hierbei: Beziehen Sie Ihre Partnerin auf jeden Fall in die Übung mit ein und lassen Sie sie dasselbe tun. Warum Sie das tun sollen sagen wir Ihnen im Anschluss. Bei dieser Übung geht es jetzt darum, die damalige Situation nochmal in Gedanken zu erleben und dabei Ihre Erfahrungen in Bezug auf Ihren Vater zu reflektieren, zu hinterfragen und zu beurteilen. Folgende Fragen sollten sie beide für sich beantworten:

- Wie haben sie ihre Väter zu dem Zeitpunkt auf dem Foto erlebt?
- Was hat ihnen besonders gut gefallen und was weniger gut? Sie können sich auch fragen, woran sie sich gerne zurückerinnern und welche Erinnerungen eher schlechte Gefühle auslösen (in Bezug auf die Zeit auf dem jeweiligen Foto)

- Stellen Sie sich jetzt vor, Sie wären Ihr Vater auf dem Bild:
  - Schreiben Sie die Eigenschaften Ihres Vaters auf eine Liste. Welche fanden Sie gut und welche schlecht?
  - Stellen Sie sich dann die Frage: Wie würden Sie sich in diesem Lebensalter Ihres Kindes oder vielleicht der speziellen Situation auf dem Bild am liebsten verhalten? Wie würden Sie mit dem Kind umgehen? Was würde sich Ihr Kind von Ihnen wünschen? Welche der notierten Eigenschaften Ihres Vaters würden Sie hier übernehmen wollen?
- Dann fragen Sie Ihre Partnerin, wie sie sich den Vater Ihrer Kinder vorstellt und was Sie für Erwartungen hat. Schließlich hat auch sie die Übung durchgeführt und dadurch ein Bild ihrer Vorstellungen bekommen.

Das entscheidende bei dieser Übung ist der Gedankenaustausch mit Ihrer Partnerin zu den einzelnen Fragen. Sie können sich direkt austauschen oder jeder macht die Übung zunächst für sich selbst und sie reden dann im Nachhinein miteinander. Durch diese Übung werden Sie sich viel besser im Klaren darüber sein, welchen Weg als Vater Sie ansteuern wollen. Dabei werden höchstwahrscheinlich Gedanken ans Tageslicht kommen, an die Sie vorher noch nie gedacht haben und die Sie dabei unterstützen werden, ein realistisches und zielführendes Vaterbild zu kreieren.

Darüber hinaus erfahren Sie durch den Gedankenaustausch mit Ihrer Partnerin, wie sie sich einen guten Vater vorstellt. Diese Gedanken passen möglicherweise nicht zu Ihren eigenen Vorstellungen und Sie müssen sich überlegen, in wie weit Sie die bisher unbekannten Erwartungen Ihrer Partnerin integrieren können, wollen, müssen oder sollten. Solche unausgesprochenen Erwartungen bergen ein hohes Konfliktpotenzial für ihre Beziehung. Wenn sie bereits jetzt darüber sprechen, dann können sie auch handeln.

Andernfalls kann es im späteren Verlauf der Beziehung schnell mal zu heftigen Auseinandersetzungen kommen.

Noch ein Tipp: Machen sie beide die Übung zusätzlich mit Kinderfotos, auf denen sie mit ihrer Mutter abgebildet sind und gehen sie dieselben Fragen durch, um im Anschluss darüber zu sprechen. Auf diese Weise erfährt Ihre Partnerin auch Ihre Erwartungen an sie als Mutter. So wie bei Ihnen, kann Ihre Partnerin sich dann klar darüber werden, was für eine Mutter sie sein möchte und was dafür zu tun ist.

Beruf und Familie unter einem Hut – Elternzeit und Elterngeld richtig planen

Ein Thema, welches in der heutigen Zeit nicht nur Frauen betrifft. Schon seit langem sehen sich beide Elternteile in der Verantwortung, ihre beruflichen und familiären Wünsche in Einklang zu bringen. Dies weiß auch unser Staat und gibt Eltern mit Modellen wie dem Elterngeld, dem ElterngeldPlus und Bonusmonate für den Partner eine gute Grundlage, um im ersten Lebensjahr Ihres Kindes ein Stück weit dabei zu sein. Sie und Ihre Partnerin sollten sich rechtzeitig Gedanken darum machen, wie sie ihre Elternzeit und das Elterngeld aufteilen wollen. Dabei haben sie einen Anspruch auf 14 Monate Basis-Elterngeld. Das Elterngeld können Sie bei Ihrer zuständigen Elterngeldstelle beantragen. Welche das genau ist, hängt von Ihrem Wohnort ab. Den Antrag erhalten Sie entweder direkt nach der Geburt im Krankenhaus oder Sie fragen bei der Elterngeldstelle nach.

Das Elternwerden wird auch immer von einigen organisatorischen Themen begleitet, bei denen es darum geht seine Finanzen zu regeln, Anträge rechtzeitig zu stellen und staatliche Förderungen, soweit es geht, zu nutzen.

Hat Ihre Partnerin das Ende der 34. Schwangerschaftswoche erreicht, dann beginnt für sie, sofern sie im **Angestelltenverhältnis** tätig ist, der gesetzliche Mutterschutz. Dieser besteht bis zu 8 Wochen nach der Entbindung. Sollte sie eine Frühgeburt oder Mehrlinge erwarten, dann beträgt der Zeitraum

12 Wochen. 4 Monate nach der Geburt genießt sie den besonderen Kündigungsschutz, hier ist eine Kündigung seitens des Arbeitgebers, bis auf wenige Ausnahmen, unzulässig.

Für Frauen im Angestelltenverhältnis besteht ab dem Zeitpunkt der Geburt bis zu 14 Monate ein Anspruch auf Elterngeld. Voraussetzung dafür ist, dass sie mit dem Kind gemeinsam in einem Haushalt lebt und nicht mehr als 30 Stunden pro Woche arbeitet. Auch gibt es bestimmte Gehaltsgrenzen die eingehalten werden müssen, diese sind allerdings mit einem Jahresgehalt von 250.000€ bei Alleinerziehenden und 500.000€ bei Paaren großzügig gesetzt. Sie und Ihre Partnerin können dabei selbst entscheiden, wie sie die Bezugsmonate aufteilen. Die vollen 14 Monate können sie nur erhalten, wenn sie beide für mindestens 2 Monate Elterngeld beziehen. Wenn nur Ihre Partnerin Elterngeld beantragt und Sie weiterhin ganz normal arbeiten, dann stehen ihr 12 Monate zu.

Basis-Elterngeld kann auch von Eltern beantragt werden, die vor der Geburt nicht gearbeitet haben. Dabei haben diese Eltern einen Anspruch von 300€ pro Lebensmonat des Kindes. Wenn Eltern vor der Geburt ein Einkommen hatten, dann beträgt das Basis-Elterngeld zwischen 65% und 67% des Nettoeinkommens, wobei die Höchstgrenze bei aktuell (Stand 2021) 1800€ pro Lebensmonat und Elternteil liegt. Beträgt das Nettoeinkommen weniger als 1000€, dann erhöht sich die Erstattungsrate. Wenn es bereits Geschwister gibt, dann entscheidet hier das Lebensalter der Kinder, ob auch eine Bonuszahlung möglich ist. Diese erhalten Sie dann, wenn ein weiteres Geschwisterchen unter 3 Jahren oder 2 weitere Geschwisterchen unter 6 Jahren im selben Haushalt leben. Dieser Bonus beträgt 10% und mindestens 75€. Bei Eltern die selbstständig sind oder ein Teil des Einkommens aus selbstständiger Tätigkeit erwerben, gilt der letzte Veranlagungszeitraum (meistens das Kalenderjahr) vor der Geburt als Bemessungsgrundlage.

Wenn Sie das **ElterngeldPlus** beantragen, dann wird jeder Monat Basis-Elterngeld zu 50% aufgeteilt. Dadurch kann die Zeit des Elterngeldbezugs auf 28 Monate gestreckt werden. Ihnen steht jedoch monatlich nur die Hälfte des Geldes zur Verfügung, wie bei einem „normalen“ Elterngeldbezug. Daher sollten sie sich vorab zusammensetzen und besprechen, wie genau ihre Planung aussieht und wie hoch ihr monatlicher Bedarf sein wird. Diese Zusammenhänge sind nicht immer einfach nachzuvollziehen. Daher informieren Sie sich auch bei der Elterngeldstelle und nehmen die Beratungsleistungen in Anspruch. Dort haben Sie die Möglichkeit, konkrete Fragen speziell zu Ihrer Situation zu stellen und sich von qualifizierten Mitarbeitern beraten zu lassen. Sollte Ihre Partnerin unter starken Schwangerschaftsbeschwerden leiden, sodass ihre Tätigkeit bei der Arbeit für sie eine Belastung ist, dann kann sie sich von ihrem Gynäkologen ein Beschäftigungsverbot ausstellen lassen. Dieses ermöglicht es ihr, bis zum Mutterschutz gar nicht mehr oder nur noch eine begrenzte Anzahl an Stunden zu arbeiten und dabei ihr volles Gehalt zu beziehen.

Wenn Sie vor dem dritten Geburtstag Ihres Kindes Elternzeit beantragen, dann müssen Sie sich für die nächsten 2 Jahre verbindlich festlegen, in welchen Zeiträumen Sie die Elternzeit planen (Bindungszeitraum). Wenn Sie also nachträglich diese Zeiträume ändern möchten, dann geht dies nur mit der Zustimmung des Arbeitgebers. Dieser Bindungszeitraum gilt nicht für Anmeldungen nach dem dritten Geburtstag.

Sie haben darüber hinaus die Möglichkeit, **Partnerschaftsbonusmonate** zu erhalten. Dabei können Sie 4 zusätzliche Monate ElterngeldPlus beantragen. Voraussetzung dafür ist, dass beide Elternteile **gleichzeitig** 4 Monate ohne Unterbrechung Teilzeit zwischen 25 und 30 Wochenstunden arbeiten. Die Anrechnung des Einkommens auf das Elterngeld erfolgt dann, sobald weitere Elterngeld-Plus-Monate beansprucht wurden und das durchschnittliche Einkommen im Elterngeld-Plus-Bezug dann über der Hälfte des elterngeldrechtlichen Nettoeinkommens lag. Hier kann es dazu kommen, dass ein Teil des Elterngeldes zurückgefordert wird.

Informieren Sie sich beim Bundesfamilienministerium unter der Website www.bmfsfj.de und lassen Sie sich gegebenenfalls beraten.

Elterngeld und Steuern – Höhe des Elterngelds beeinflussen

Wie Sie nun wissen, hängt die Höhe des Elterngeldes vom Einkommen ab. Je mehr verdient wird, desto höher das Elterngeld (bis maximal 1800€). Wenn Sie verheiratet sind, haben Sie die Möglichkeit die Höhe des Elterngelds aufzustocken. Wie können Sie das tun? Indem Sie die Steuerklasse wechseln. Die Steuerklasse bestimmt nämlich, wie viel Netto von Ihrem Brutto übrig bleibt. Die Frage, die Sie sich hier stellen müssen ist, wie stark die Höhe Ihres Einkommens sich von dem Ihrer Frau unterscheidet. Wenn hier eine deutliche Kluft liegt, also sagen wir mal Sie als Mann verdienen deutlich mehr als Ihre Partnerin, dann macht eine Kombination aus den Steuerklassen 3 und 5 Sinn. 3 ist dabei der bessere Steuersatz, sprich: Hier müssen Sie weniger Steuern zahlen als in der Steuerklasse 5 und haben letztendlich mehr Netto zur Verfügung. Wenn ein Elternteil nach der Geburt zuhause bleibt und der andere weiter arbeitet, dann sollte der Elternteil, der zuhause bleibt und auf das Kind aufpasst, in die bessere Steuerklasse 3 wechseln. Dadurch müssen weniger Steuern gezahlt werden, also bleibt mehr vom Netto übrig, also wird ein höheres Elterngeld gezahlt. Hier sollten Sie sich allerdings ranhalten. Denn den Antrag auf den Wechsel der Steuerklasse müssen Sie spätestens 7 Monate im Voraus stellen. Und zwar 7 Monate im Voraus, bevor der gesetzliche Mutterschutz beginnt (Ende der 34. SSW).

Elterngeld kann den Steuersatz erhöhen – Mit Rechenbeispiel

Elterngeld ist steuerfrei, allerdings erhöht sich der sogenannte Progressionsvorbehalt. Das bedeutet im Grunde nichts anderes, als dass das Elterngeld auf das Einkommen der **gesamten Familie** angerechnet wird. Dadurch kann es zu einem höheren Steuersatz eines der Angehörigen kommen, wodurch Sie mehr Steuern zahlen müssen, obwohl das Elterngeld steuerfrei ist. Ein Rechenbeispiel soll das verdeutlichen:

Mama Sabrina verdiente vor der Geburt des kleinen Maximilian 1.050€ netto und erhält dadurch ein Elterngeld von 703,50€. Der Vater Stefan verdient ein Bruttoeinkommen von 4.000€ und kommt damit auf ein Jahresgehalt von 48.000€ brutto. Das Bruttogehalt ist nicht gleichzusetzen mit dem zu versteuerndem Einkommen, da es für Sie als Steuerzahler Begünstigungen gibt, die das Bruttogehalt verringern und damit die Steuerlast. Sagen wir nach Abzug aller steuerrelevanten Faktoren bleibt ein zu versteuerndes Einkommen von 42.000€ übrig. Nun wird das Elterngeld pro Jahr in Höhe von 8.442€ hinzugerechnet (703,50€ x 12 Monate). Wenn Ihre Partnerin nun das ganze Jahr über Elterngeld bekommt, dann erhält sie zusätzlich noch die Werbungskostenpauschale in Höhe von 1.000€.

Je nachdem, wie hoch das zu versteuernde Einkommen ist, errechnet das Finanzamt einen individuellen Steuersatz für Sie aus, der dann bestimmt, wie viel Steuern Sie zahlen müssen. Bei den 42.000€ zu versteuerndes Einkommen sind dies aktuell 13,74%. Jetzt wird das Elterngeld zum Jahresgehalt hinzuaddiert, wobei zuvor die Werbungskostenpauschale vom Elterngeld abgezogen wird. Somit verbleibt ein zu versteuerndes Einkommen von 49.442€ (42.000€ + 8.442€ - 1000€), welches den Steuersatz auf 16,1% ansteigen lässt. Dieser Prozentsatz gilt nun für Stefans 42.000€, anstatt die 13,74%. Dadurch steigen die zu zahlenden Steuern für die ganze Familie. Und zwar von 5.770€ (13,74%) auf 6.762€ (16,1%). Das Elterngeld ist steuerfrei, allerdings müssten Sie in diesem Beispiel 992€ mehr an Steuern zahlen.

Die Geburt des Kindes steht bevor

Bereiten sie sich gemeinsam auf die Geburt vor

Vor nicht allzu langer Zeit waren Väter im Kreißsaal nicht nur eine Seltenheit, sondern sie wurden sogar als ein Risiko für Komplikationen eingestuft. Diese Zeiten sind längst vorbei und heute wissen wir: Ein engagierter Vater, der informiert ist und um die Umstände seiner Partnerin gut Bescheid weiß, ist für die werdende Mutter ein starker Begleiter, der ihr Geborgenheit und Sicherheit schenken kann. Für Sie wird der Moment der Geburt ein unvergessliches Erlebnis sein, welches direkt eine starke, sinnliche Verbindung zu Ihrem Kind schafft und sie als Familie näher bringt. Aus der Forschung wissen wir, dass Väter, die die Geburt Ihres Kindes miterleben, auch im weiteren Lebensverlauf stärker an der Entwicklung beteiligt sind:

- Sie wickeln Ihre Kinder häufiger
- Sie haben mehr Spaß am Umgang mit dem Kind und sind dabei sicherer
- Sie verbringen mehr Zeit mit Ihrem Kind
- Sie tragen ihre Kinder öfter am eigenen Körper
- Sie sind öfter an der frischen Luft mit dem Kinderwagen oder dem Tragetuch unterwegs

Zu Beginn des Buches haben Sie bereits erfahren, wie gut sich ein aktiver Vater auf die Entwicklung des Kindes auswirkt. Die Kinder sind Gleichaltrigen meistens voraus und genießen ein insgesamt glücklicheres Leben. Darüber hinaus erleben Sie mit Ihrer Partnerin eine absolute Ausnahmesituation, die einiges an Ausdauer, Geduld und Durchhaltevermögen abverlangt. Diese Erfahrung stärkt ihre Partnerschaft und schweißt sie als Familie näher zusammen. Dies ist eine hervorragende Basis, um auch die schwierigeren Zeiten mit Kind erfolgreich zu meisten.

Nun ist es so, dass werdende Väter bei der bevorstehenden Geburt gemischte Gefühle haben. Auf der einen Seite steht die Vorfreude, das eigene Kind endlich in den Armen zu halten, auf der anderen Seite existieren auch Ängste und Sorgen. Eine Geburt kann manchmal sehr lange dauern und manch einer zweifelt daran, ob er der Situation gewachsen ist. Auch die Schmerzen, die Ihre Partnerin bei der Geburt durchlebt, müssen Sie als Mann durchstehen. Darüber hinaus fürchten sich sehr viele Männer mit einer Notfallsituation konfrontiert zu werden. In diesem Kapitel wollen wir uns daher über die Themen rund um die Geburt unterhalten und damit Klarheit und hoffentlich auch ein Stück weit Sicherheit schaffen.

Vorbereitung auf Schmerzen und Körperflüssigkeiten

Eine Geburt ist mit einigen Elementen verbunden, die nicht jeder Mensch vertragen kann. So werden Sie hier Blut und andere Körperflüssigkeiten sehen. Ein Anblick, der sehr wahrscheinlich ungewohnt für Sie sein wird und Ihnen Unbehagen bereiten kann. Dass Männer tatsächlich in Ohnmacht fallen, ist dagegen kaum der Fall. Allerdings können bleibende Eindrücke entstehen, welche sich negativ auf Ihr psychisches Wohlbefinden oder Ihre Partnerschaft auswirken können. Dazu zählen auch die Schreie oder das laute, schmerzhafte Gestöhne Ihrer Partnerin, welches ebenfalls für viele Menschen ein Problem darstellt, da sie mit diesen Umständen einfach schlecht umgehen können. Daher müssen Sie sich vorab entscheiden, was Sie bei der Geburt bereit sind mitzuerleben. Sie sollten wissen: Es ist in keiner Weise verwerflich, wenn Sie bewusst ein paar Dinge auslassen wollen, ganz im Gegenteil. Wenn Sie sich darüber klar werden, wie Ihre Position bei der Geburt sein soll, dann tun Sie Ihrer Partnerin damit den größten Gefallen. Denn als Geburtsbegleiter erwartet sie von Ihnen eine gewisse Gelassenheit und Stärke, also jemanden, auf den sie sich verlassen kann und der ihr Rückhalt gibt. Wenn Sie allerdings selber bei der Geburt unter starken Stress geraten, wird Ihnen dies nicht möglich sein.

Es gibt für einen Mann mehrere Möglichkeiten, die Geburt zu erleben und dabei auf gewisse Dinge zu verzichten. So können Sie sich zum Beispiel während des Austritts des Kindes hinter Ihre Partnerin stellen und dort bleiben, bis die Nabelschnur abgetrennt wird. Auf diese Weise bekommen Sie von dem Blut kaum etwas mit. Wenn Sie wollen, können Sie natürlich auch nach Austritt des Kindes direkt zum Fußende des Bettes gehen, den Austritt der Plazenta sehen oder die Nabelschnur selbst durchtrennen. Sie können bei einem Geburtsvorbereitungskurs bei der Hebamme nachfragen, welche Möglichkeiten sie Ihnen noch vorschlagen kann und dazu Ihre eigenen Bedenken äußern. Sprechen Sie auf jeden Fall auch mit Ihrer Partnerin, was sie gerne möchte und was auf gar keinen Fall für sie in Frage kommt. Durch die Kommunikation erhalten Sie ein besseres Bild davon, wo Ihre eigenen Vorstellungen liegen, denn schließlich wird es für Sie eine ungewohnte Situation sein, in die Sie sich zuerst hineinversetzen müssen. Um Ihnen eine kleine Denkhilfe zu geben, können sie sich über folgende Fragen gemeinsam Gedanken machen:

- Was möchten Sie sehen und was nicht?
- Welche Erwartungen haben Sie?
- Welche Bedenken haben Sie?
- Wäre Ihre Partnerin damit einverstanden, wenn Sie sie bei der Geburt begleiten, aber gegebenenfalls sich ausklinken wenn Sie merken, dass Ihre Grenzen erreicht sind?
- Ist eine weitere Begleitperson Ihres Vertrauens denkbar, welche Sie bei Bedarf entlasten kann?

Checkliste – Organisatorische Angelegenheiten vor der Geburt

Wir haben bereits über viele Dinge gesprochen, um die Sie sich während der Schwangerschaft Ihrer Partnerin kümmern sollten. An dieser Stelle erhalten Sie nochmal eine Checkliste, die Ihnen eine einfache Übersicht bieten soll, damit Sie in diesem Buch weniger hin und her blättern müssen.

- Sind Sie mit Ihrer Partnerin verheiratet? Wenn nicht, dann sollten Sie sich bewusst darüber sein, dass Sie etwas benachteiligt werden. Sie müssen sich nämlich um die Anerkennung der Vaterschaft kümmern. Das können Sie bei Ihrer Gemeinde, dem Standesamt oder dem Jugendamt tun. Ebenso müssen Sie die gemeinsame Sorge klären (später mehr dazu)
- Elternzeit und die Aufteilung der Elterngeldmonate müssen klar festgelegt werden. Diese Elternzeit muss dem Arbeitgeber frühzeitig mitgeteilt werden
- Wenn Sie Ihre Elternzeit nicht unmittelbar nach der Geburt nehmen wollen, dann sollten Sie sich Gedanken machen, stattdessen Urlaub einzuplanen, um in der ersten Zeit nach der Geburt voll da zu sein. Besprechen Sie dies mit Vorgesetzten und Kollegen
- Klären Sie ab, welcher der ideale Geburtsort für Sie und Ihre Partnerin ist. Besuchen Sie dazu Kreißsaalführungen und Infoveranstaltungen von Geburtshäusern
- Suchen Sie sich frühzeitig eine Hebamme und überlegen Sie sich, welche Leistungen der Hebamme Sie in Anspruch nehmen wollen
- Kümmern Sie sich rechtzeitig um einen Geburtsvorbereitungskurs, um sich bestmöglich auf die Geburt vorbereiten zu können
- Sorgen Sie dafür, dass die Kliniktasche frühzeitig gepackt wird (Checkliste für die Kliniktasche folgt im nächsten Kapitel)
- Wenn Sie selber kein Fahrzeug besitzen, dann klären Sie ab, wie Ihre Partnerin zur Klinik kommen soll und wie der Rückweg nachhause aussieht

Checkliste - Die Kliniktasche

Unabhängig vom Ihrem gewünschten Geburtsort, sollten Sie vorsichtshalber die Kliniktasche 2 bis 3 Wochen vor dem errechneten Geburtstermin bereithalten. Damit Sie für Ihren Aufenthalt im Krankenhaus bestens aufgestellt sind und nicht in letzter Sekunde nach wichtigen Dokumenten suchen müssen, geben wir Ihnen hier eine Liste mit notwendigen und hilfreichen Dingen für die Kliniktasche.

So helfen Sie Ihrer Partnerin beim Packen

- Mutterpass
- Stammbuch und ggf. Vaterschaftsanerkennung
- Personalausweis und Krankenkassenkarte
- Geburtsplan
- Bequeme, weite Hosen
- Bequeme Oberteile
- Dicke Socken
- Eine Kulturtasche mit Zahnbürste, Zahnpasta, Duschgel, Haarbürste, Haargummi, Deo, usw.
- Badelatschen, um nicht mit Socken oder unbequemen Schuhen umherzugehen und zum Duschen
- 1 großes und 2 kleine Handtücher
- Eine Strickjacke
- 3 Still-BHs
- Weite Unterhosen oder Boxershorts
- Ohropax
- Stillkissen
- Bademantel

- Leckere Knabbereien für zwischendurch
- Etwas Kleingeld, falls sie sich beim Automaten etwas kaufen möchte
- Handy, Ladekabel und Kopfhörer
- Die Kosmetikprodukte, die sie brauchen wird
- Pflegecremes und -öle, zum Beispiel für die Brustwarzen, wenn sie stillen möchten oder Dammmassageöl
- Eine Tafel Schokolade als Dankeschön für die Hebamme

Denken Sie auch daran für sich selbst eine Tasche zu packen, insbesondere wenn Sie ein Familienzimmer bekommen haben und ebenfalls ein paar Tage in der Klinik bleiben. Sie können sich einfach an dieser Liste orientieren. Denken Sie zudem daran, etwas für Ihre Unterhaltung mitzubringen, wenn Sie mal etwas Zeit totschlagen müssen, wie ein Tablet mit Filmen, Serien oder Musik, ein Buch, Ihren Laptop usw.

Bedenken Sie auch den Nachhauseweg mit Baby. Hierfür sollten Sie an ein paar Dinge bereithalten:

- Kleidung für das Kind wie Mützchen, Söckchen, ein Body und eine Strumpfhose
- Je nachdem, ob Ihr Baby im Sommer oder im Winter geboren wird entsprechend Pullover, Strampler, Babydecke, Overall
- Eine Babyschale fürs Auto

Jetzt geht es los!

Wenn die Geburt bevorsteht heißt es für Sie bereit zu sein. Aber ab wann sollten Sie sich bereithalten? Der geringste Teil der Geburten findet zum errechnet Termin statt, nämlich gerade einmal 4%. Die meisten Babys kommen im Zeitraum von 2 Wochen davor oder 2 Wochen danach zur Welt. Das ist Ihr Zeitfenster und hier müssen Sie flexibel sein. Wenn Sie bereits Kinder haben, dann kümmern Sie sich darum, dass sie bei Menschen Ihres Vertrauens untergebracht werden können. Haben Sie sich dafür entschieden, Ihre Elternzeit direkt nach der Geburt zu nehmen, dann teilen Sie dies Ihrem Arbeitgeber spätestens 7 Wochen vor dem errechneten Geburtstermin mit. Den tatsächlichen Geburtstermin müssen Sie dann unverzüglich mitteilen. Wenn Sie sich für die Zeit direkt nach der Geburt für Urlaub anstatt Elternzeit entschieden haben, dann vereinbaren Sie mit Ihrem Arbeitgeber eine möglichst flexible Urlaubszeitregelung um den Geburtstermin herum.

Anzeichen für das Startsignal zur Geburt

Es gibt mehrere Signale die darauf hinweisen, dass es jetzt losgeht. Ein sicheres Zeichen ist es, wenn bei Ihrer Partnerin Wehen auftreten, die mal stärker und mal schwächer sind. Dabei handelt es sich um ein Ziehen oder Stechen, welches die Frau im Rücken oder im Unterbauch spürt.

Darüber hinaus ist das Platzen der Fruchtblase, auch Blasensprung genannt, ein Signal für die bevorstehende Geburt. Die Fruchtblase kann auch platzen, wenn zuvor keine Wehen spürbar waren. Dabei kann das Fruchtwasser entweder in einem ganzen Schwall oder nur tröpfchenweise austreten. In dieser Situation müssen Sie im Kreißsaal anrufen und nachfragen, was zu tun ist. Anschließend erhalten Sie weitere Anweisungen.

Ein weiteres Signal ist die Lösung des sogenannten Schleimpfropfs. Dieser dient nämlich dazu, den Gebärmuttermund abzudichten. Er kann sich allerdings auch schon vor der Geburt lösen, ohne dass Wehen eingesetzt haben.

Ihre Partnerin wird das Ablösen des Schleimpfropfs daran erkennen, dass sich ein blutiger Schleim im Slip oder der Toilette befindet.

Wichtig ist das Intervall, indem die Wehen auftreten. Wenn Ihre Partnerin die Wehen regelmäßig innerhalb von 30 Minuten alle 5 bis 7 Minuten spürt und diese bereits stark schmerzen, dann sollten Sie im Kreißsaal anrufen und sich auf den Weg machen. Sind die Schmerzen zuvor schon sehr stark, können sie auch früher los. Es gibt mittlerweile zahlreiche Apps die darauf ausgelegt sind, die Wehentätigkeiten zu messen. Das kann Ihnen helfen das Intervall zu bestimmen. Sollten Sie eine Hausgeburt geplant haben, dann kontaktieren Sie die Hebamme, damit sie sich auf den Weg macht.

So wird die Geburt ablaufen

Zunächst einmal muss sich der Gebärmuttermund auf 10cm ausdehnen, damit der Kopf des Kindes gut durch passt. Dieser Vorgang geht manchmal recht schnell und kann innerhalb einer Stunde abgeschlossen sein. Meistens dauert es jedoch bis zu 10 Stunden und länger. Uns sind auch Väter bekannt, die um die 30 Stunden warten mussten. Grundsätzlich dauert es bei der ersten Geburt länger als bei den Folgegeburten, dies muss jedoch nicht so sein. Ihre Partnerin liegt dabei in den Wehen und verspürt Schmerzen, welche sie mit einer gleichmäßigen Atmung begleitet. Viele Frauen sind in dieser Phase sehr empfindlich, daher tun Sie am besten was Ihre Partnerin von Ihnen verlangt. Es kann sein, dass es ihr hilft wenn Sie mit atmen oder gelegentlich den unteren Rücken massieren. Lassen Sie sich von ihr sagen, was sie gern hätte.

Kurz bevor der Muttermund vollständig geöffnet ist, kann Ihre Partnerin hier bereits den Drang zu pressen verspüren, was sie jedoch erstmal nicht tun sollte. Hier ist es nochmal umso wichtiger, richtig zu atmen oder zu hecheln. Diese Phase kurz vor dem großen Finale, kann für die Frau sehr belastend sein und sie an ihre Grenzen bringen. Umso mehr sollten Sie voll da sein und sie unterstützen. Die Phase dauert aber in der Regel nur wenige Minuten.

Sobald der Muttermund dann vollständig geöffnet ist, wird das Baby mit den Wehen durch den Geburtskanal gedrückt. Ihre Partnerin kann dem Pressdrang nun nachgeben und pressen, während die Hebamme unterstützend zur Seite steht. Dies ist auch die Phase, wo das Schreien und das Stöhnen beginnen, um dadurch mehr Energie hinter das Pressen zu setzen. Ihre Partnerin kann mehrere Geburtspositionen ausprobieren, um die angenehmste für sich zu finden. Diese kann eine aufrechte Position sein, auf einem Gebärhocker sitzend oder auch andere. Während des Geburtsvorbereitungskurses werden sie beide mehrere dieser Positionen kennenlernen und Ihre Partnerin darf sich ruhig ein wenig ausprobieren.

Jetzt ist ihr gemeinsames Kind auf der Welt! Es wird von der Hebamme in ein Handtuch gewickelt und Sie oder Ihre Partnerin können es auf den Arm nehmen. Es schreit, sobald es vollständig raugeflutscht ist. Jetzt können Sie einmal tief durchatmen, die Situation auf sich wirken lassen und diese ersten Minuten als Familie genießen. Ihre Partnerin kann das Kind nun zum Stillen anlegen, die Hebamme wird ihr gerne dabei helfen, da das Kleine noch etwas orientierungslos sein kann und die Brustwarze nicht direkt findet.

Hier ist das Ganze allerdings noch nicht vorüber. In der Nachgeburtsphase kommen auch noch Plazenta, Nabelschnur und Eihäute zur Welt. Dies kann bis zu 20 Minuten dauern. Diese Phase kann durch Stillen unterstützt werden, da dadurch das Bindungshormon Oxytocin ausgeschüttet wird. Es hilft dabei die Gebärmutter zusammenzuziehen und stärkt die Nachwehen. Sobald alles vorüber ist, prüft die Hebamme noch, ob die Plazenta vollständig ausgetreten ist, da keine Reste im Körper der Frau übrig bleiben dürfen. Und das war es erstmal, herzlichen Glückwunsch, Sie sind jetzt Vater!

Hier noch einmal ein paar Punkte, die Sie als Bald-Papa tun können, um Ihre Partnerin zu unterstützen:

- Tun Sie was Ihre Partnerin wünscht, auch wenn es für Sie zunächst seltsam erscheint. So findet sie heraus, was ihr am besten guttut und wie sie am besten mit der Geburt fertig wird
- Kennen Sie Ihre eigenen Grenzen und überschreiten Sie diese nicht. Das wäre für niemanden von Vorteil
- Reden Sie mit Ihrer Partnerin und spenden Sie ihr Kraft und Mut durch Ihre Worte. Dazu zählt auch, dass Sie sie immer wieder für ihre Leistungen loben
- Wenn Ihre Partnerin möchte, dann schaffen Sie Berührungen, indem Sie zum Beispiel ihre Hand halten
- In dieser Ausnahmesituation kann Ihre Partnerin schnell mal hilfreiche Dinge aus dem Geburtsvorbereitungskurs vergessen. Erinnern Sie sie daran und weisen Sie sie ein wenn nötig
- Bringen Sie ihr einen kühlen Lappen, den Sie ihr auf die Stirn legen oder wohin immer sie es wünscht. Lappen und Wasserhahn stehen im Zimmer bereit
- Zwischen den Wehen kann Ihre Partnerin manchmal einen kleinen Snack wie ein Stück Obst gut vertragen, ebenso wie etwas zu trinken
- Ihre Partnerin wird sich nicht direkt für alles bedanken, was Sie für sie tun und manchmal vielleicht etwas verärgert wirken. Dies ist unter den gegeben Umständen absolut normal. Nehmen Sie es nicht persönlich und lassen Sie es sich nicht anmerken, für Dankbarkeit ist später noch Zeit
- Proaktiv sein und von selbst gelegentlich nachfragen, was Sie tun können, um ihr was Gutes zu tun

Bei all diesen Tipps vergessen Sie eins nicht: Das Wichtigste ist, dass Sie da sind! Auch wenn Sie nicht alles richtig machen, dann ist Ihre Anwesenheit der zentrale Faktor bei der Geburt. Haben Sie sich entschieden nicht im Kreißsaal zu sein, dann ist das auch vollkommen in Ordnung. Hauptsache Sie haben sich vorher über Ihre Grenzen Gedanken gemacht und es gemeinsam mit Ihrer Partnerin besprochen. Wenn Sie einfach Ihr Bestes geben, dann ist dies mehr als genug und die Mutter Ihres Kindes wird es Ihnen danken.

Die große Angst, dass etwas schief läuft

Sie haben heutzutage die Möglichkeit, während der Schwangerschaft Vorsorgeuntersuchungen, Pränataldiagnostiken und viele weitere Untersuchungen in Anspruch zu nehmen, umso die Gewissheit zu haben, dass bei Ihrem Baby alles in Ordnung ist. Die Praxis zeigt allerdings, dass eben diese Untersuchungen sehr häufig zu Ängsten, Sorgen und Unsicherheiten führen. Nicht selten kommt eine Frau vom Gynäkologen und der Kopf des Kindes ist etwas kleiner als er sein sollte. Sofort macht sich Panik breit, ob das Kind an einer Anomalie, einer Krankheit oder sonst etwas leidet. Sehr viele Eltern kennen eine solche Situation, bei der am Ende, trotz aller Diagnostik, ein gesundes Baby zur Welt kommt. Diese Tatsache müssen Sie wissen, um mit nüchternem Verstand auf die Entwicklung Ihres Kindes zu schauen. Durch den medizinischen Fortschritt, den wir heute genießen, erleben wir die risikoärmste Zeit für Geburten seit Anbeginn der Menschheit.

Es kommt selten vor, dass bei der Geburt tatsächlich Komplikationen auftreten. Diese können verschiedenster Art sein:

- Ein Kaiserschnitt muss durchgeführt werden
- Das Kind kommt zu früh auf die Welt
- Es müssen Werkzeuge wie Saugglocke oder Zange zum Einsatz kommen
- Die Geburt dauert ungewohnt lange und ist mit starken Schmerzen verbunden
- Das Leben des Kindes ist bei der Geburt bedroht (zum Beispiel aufgrund von Sauerstoffmangel)
- U.a.

Eine solche Situation sorgt schlagartig für sehr viel Hektik und Spannung im Kreißsaal. Es stehen auf einmal weitere Ärzte im Raum, welche sich rasch über Dinge in ihrer Fachsprache austauschen. Dann werden Werkzeuge und Hilfsmittel hergebracht, welche mehr als befremdlich wirken und es werden vielleicht drastische Maßnahmen eingeleitet, wie etwa ein Dammschnitt. Durch solch ein Erlebnis bekommen Sie schnell große Angst um das Leben Ihres Kindes. Wenn Sie hier den Überblick verlieren, dann treten Sie direkt in Kommunikation mit dem medizinischen Personal, andernfalls überkommt Sie und Ihre Partnerin sehr schnell ein starkes Gefühl der Ohnmacht und Hilfslosigkeit. Lassen Sie sich aufklären, was jetzt Sache ist, wie die nächsten Schritte aussehen und wie Sie helfen können. Es kann vorkommen, dass man versucht sie beide mit Floskeln zu besänftigen. Das kann manchmal helfen, wenn nicht, dann hacken sie nach und fordern die Informationen ein, die ihnen rechtmäßig zustehen. Wenn sie die Situation besser kennen, dann können sie besser damit umgehen, als wenn sie einfach im Dunkeln tappen.

Besonders Eltern, die in früheren Schwangerschaften traumatische Erlebnisse hatten, haben Angst davor, dass jetzt ebenfalls etwas schief laufen kann.

Wir haben in unserer Praxis bereits Komplikationen erlebt, bei denen nicht alles so gelaufen ist, wie es sollte. Wir haben Kinder erlebt, die deutlich zu früh auf die Welt gekommen sind, durch die heutige Medizin aber trotzdem ein gesundes Leben führen können. Wir hatten sehr viele Kinder, bei denen während der Schwangerschaft White Spots in einer Herzkammer aufgetreten sind, die am Ende aber nichts zu bedeuten hatten und die Kinder auch hier gesund zur Welt gekommen sind. Wir hatten Kinder, die bei der Geburt unter mangelnder Sauerstoffversorgung litten und blau angelaufen auf die Welt kamen. Durch die Medizin konnten sie gut behandelt werden und letzten Endes unbeeinträchtigt ins Leben starten.

Erfahrungsbericht – Mathias, 31 Jahre

Meine Frau und ich beschlossen vor etwa 2 Jahren schwanger zu werden. Dabei hatten wir von vornherein Bedenken, da meine Frau ein paar Jahre zuvor einen Eingriff an der Gebärmutter hatte. Die Ärzte meinten, dass es dadurch schwierig werden kann, noch Kinder zu kriegen. Diese Nachricht hat uns extrem erschüttert und in Sorge versetzt. Nichtsdestotrotz wollten wir es zumindest versuchen. Nach etwa einem halben Jahr hat es dann funktioniert und meine Frau wurde schwanger. Die Freude darüber hielt nicht lange, denn nach 3 Monaten hat sie das Kind verloren. Es musste abgetrieben werden und wir waren mit den Nerven am Ende. Wir gingen zur Schwangerschaftsberatung in der Hoffnung, dass die Ärzte hier etwas tun könnten, was uns weiterhelfen kann. Zu unserem Erstaunen wurde meine Frau nur wenige Monate später erneut schwanger. Wir wussten nicht, wie wir jetzt mit der Situation umgehen sollen und hielten uns mit der Freude zurück. Nach 2 Monaten hat sie auch dieses Kind verloren. Dies führte nicht nur zu einer emotionalen Krise, sondern auch unsere Ehe war angeschlagen. Wir hatten keine Hoffnung mehr, dass wir nochmal Erfolg haben werden. Dann geschah etwas Unerwartetes. Ohne, dass wir es geplant hatten, wurde meine Frau zum dritten Mal schwanger. Ich wusste nicht was ich denken sollte, es war ein Chaos der Gefühle. Nach 9 Monaten kam dann ohne jegliche Komplikationen während der Schwangerschaft unsere gesunde Tochter zur Welt! Wir ließen uns einfach nochmal darauf ein und es hat tatsächlich funktioniert. Es ist seltsam, wie das Schicksal manchmal so spielt. Aber heute sind wir überglücklich über unser kleines Wunder und die Erfahrungen der Vergangenheit verblassen. Wir planen nun unser zweites Kind, bei dem wir wieder deutlich zuversichtlicher sind, dass es funktionieren wird.

Die Angst, dass mit Ihrem Kind etwas nicht stimmen kann, ist ein Urinstinkt, der vollkommen normal ist. Wichtig ist nur, sich von der Angst nicht lähmen zu lassen. Warum? Weil diese Angst viele Stresshormone im Körper Ihrer Partnerin ausschüttet. Eine zusätzliche Ausschüttung von Stresshormonen belastet signifikant ihr Herz-Kreislaufsystem und schwächt den Körper. Sie braucht genau das Gegenteil, nämlich möglichst viel Ruhe und Entspannung. Es existiert leider kein universelles System, welches bei allen Eltern funktioniert und welches man pauschal empfehlen kann. Im Beispiel von Mathias hat sich gezeigt, dass ein Kinderwunsch trotz Rückschläge möglich ist. Nichtsdestotrotz müssen Sie sich auch mit einem Trauma auseinander setzen und sich im Idealfall professionelle Hilfe suchen. Vom Landeshebammenverband gibt es Empfehlungen für Experten, die auf solche Krisensituationen spezialisiert sind und Ihnen weiterhelfen können.

Rückschläge sind möglich und die Angst davor wird wohl nie ganz vergehen, dasselbe gilt aber auch, wenn Ihr Kind erstmal auf der Welt ist. Sie werden wahrscheinlich nie damit aufhören, sich um Ihr Kind zu sorgen, aber Sie können und MÜSSEN lernen mit dieser Angst umzugehen. Und vergessen Sie nicht: Die allermeisten Geburten verlaufen gut, auch wenn zuvor etwa anderes zu erwarten war. Die Vielzahl der Behandlungen, die Ärzten und Hebammen heute zur Verfügung stehen, machen es möglich. Es macht keinen Sinn, sich vorher damit zu stressen, da dies alles nur schlimmer machen kann. Genießen Sie stattdessen die besondere Zeit der Schwangerschaft, denn es ist ein einzigartiges und wunderbares Erlebnis im Leben, welches wahrscheinlich niemals übertroffen wird. Es verdient daher Ihre volle Begeisterung, Vorfreude und Einsatzbereitschaft!

Kaiserschnitt und was Sie als Vater tun können

Schwierige Situationen können also vorkommen, so auch ein Kaiserschnitt. Wir klären über diesen Eingriff auf und sagen Ihnen, was Sie als Bald-Papa hier tun können.

Bei einem Kaiserschnitt erfolgt ein Schnitt in die Bauchdecke und die Gebärmutter, umso eine Öffnung zu bilden, aus der der Fötus herausgenommen werden kann. Ursprünglich wurde der Kaiserschnitt eingesetzt, wenn eine Geburt kritisch verlaufen ist und eine Gefahr für Mutter oder Kind bestand. Heute entwickelt sich eher ein Trend in Richtung des Kaiserschnitts, da es möglich ist, den Wunsch eines Eingriffs vorab zu äußern und zu planen. Rund ein Drittel aller Schwangerschaften in Deutschland werden per Kaiserschnitt durchgeführt. Die Frau hat dabei die Wahl zwischen verschiedenen Narkosemöglichkeiten. Die gängigste Methode ist die örtliche Betäubung, auch Regionalanästhesie genannt. Es wird nur der Bereich betäubt, bei dem der Eingriff stattfindet. Die Mutter bleibt wach und kann die Geburt miterleben. Darüber hinaus finden auch Spinal- und Periduralanästhesien (PDA) statt, bei denen es zu einer Betäubung der Rückenmarksnerven kommt. In den seltensten Fällen kommt es zu einer Vollnarkose. Diese birgt das Risiko, anders als bei einer örtlichen Betäubung, dass das Narkosemittel über den Mutterkuchen zu dem Baby gelangt. Der durchschnittliche Kaiserschnitt dauert 15 bis 20 Minuten. Hinzu kommen etwa 30 weitere Minuten, in denen das Narkosemittel einwirken muss.

Man unterscheidet zwischen 3 Arten des Kaiserschnitts: Die **primäre Sectio**, die **sekundäre Sectio** und den **Kaiserschnitt auf Wunsch**.

Bei einer primären Sectio besprechen Sie im Voraus mit Ihrem Arzt, dass ein Kaiserschnitt durchgeführt wird. In dem Fall ist der Eingriff medizinisch begründet und sie legen gemeinsam einen Termin fest, welcher noch vor dem Einsetzen der Wehen stattfindet.

Bei der sekundären Sectio wird während der Geburt entschieden, dass ein Kaiserschnitt der natürlichen Geburt vorgezogen werden muss, da es ansonsten zu einem Risiko für Mutter und Kind kommen kann.

Beim Kaiserschnitt auf Wunsch verhält es sich ähnlich wie bei der primären Sectio, der Eingriff wird also vorab geplant und es wird ein Termin festgelegt. Der Unterschied ist hier, dass keine medizinische Notwendigkeit vorliegt, sondern es auf Wunsch der Mutter geschieht. Immer mehr Schwangere wählen diese Art der Entbindung, um zum Beispiel mögliche Geburtsverletzungen zu vermeiden oder eine bessere Planbarkeit des Geburtstermins zu gewährleisten.

Was bedeutet medizinisch begründet?

Bei der Entscheidung, ob ein Eingriff medizinisch notwendig ist, unterscheidet man zwischen einer absoluten und einer relativen Indikation. Grundsätzlich bedeutet eine absolute Indikation, dass durch eine natürliche Geburt ein Risiko für die Mutter, für das Kind oder für beide besteht. Eine relative Indikation bedeutet, dass eine natürliche Geburt möglich ist, diese aber ein höheres Risiko für Mutter und Kind aufweist, als ein Kaiserschnitt. Die folgende Aufstellung soll Ihnen verdeutlichen, welche Situationen zu einer absoluten und welche zu einer relativen Indikation gehören:

Absolute Indikation:

- Querlage des Kindes
- Deformitäten des Beckens bei der Mutter
- Gefahr des Einreißens der Gebärmutter
- Vorab falsche Einschätzung des Größenverhältnisses zwischen dem Becken der Mutter und dem Kopf des Kindes
- vorzeitige Ablösung des Mutterkuchens
- bakterielle Infektion der Fruchthöhle
- Nabelschnurvorfall mit Abknicken der Nabelschnur
- Besonders schwerer Schwangerschaftsbluthochdruck, auch als HELLP-Syndrom bekannt
- Krampfanfälle
- übersäuerte Stoffwechsellage des Kindes, auch als fetale Azidose bekannt

Relative Indikatoren

- Das Gewicht des Kindes beträgt mehr als 4.500 g
- Auffälliges Kardiotokogramm (Herzschlag des Kindes und Wehentätigkeiten)
- Verlängerter Geburtsverlauf
- Geburtsstillstand
- Kaiserschnitt bei einer vorangegangenen Geburt
- Mehrlingsschwangerschaft
- Das Kind befindet sich in Beckenendlage
- Zustand nach vaginal-plastischer Operation

Welche Risiken birgt der Kaiserschnitt?

Durch den medizinischen Fortschritt und die damit verbundenen Operationsmöglichkeiten und Hygieneschutzmaßnahmen konnten viele zuvor bestehende Risiken reduziert werden. Allerdings handelt es sich hierbei um eine Operation, eine solche darf niemals als risikolos bezeichnet werden.

Während der Geburt kann es zu folgenden Komplikationen kommen:

- Hoher Blutverlust
- Verletzung benachbarter Organe
- Bildung von Blutgerinnseln
- Infektionen
- Unverträglichkeit der Narkose

Darüber hinaus kann es zu langfristigen Beschwerden kommen, die sich erst mit der Zeit ergeben:

- Bindungsstörungen
- Posttraumatische Belastungsstörung
- Reizung der Nervenzellen, was zu Lähmungserscheinungen und einem Kribbelgefühl führen kann
- Verwachsungen nach Kaiserschnitt

Nach dem Kaiserschnitt kommt die Frau auf die Wöchnerinnenstation zum auskurieren. Nach wenigen Stunden ist es wieder möglich sich aufrecht hinzusetzen und zu gehen. Die Heilung der Verletzung am Bauch wird etwa 1 bis 2 Wochen in Anspruch nehmen. Die meisten Frauen können das Krankenhaus nach 4 bis 7 Tagen dann wieder verlassen. Es kann sein, dass in den ersten Wochen nach dem Kaiserschnitt Schmerzen in der Bauchregion entstehen, wenn die Muskeln in dem Bereich kontrahieren. Dies geschieht beispielsweise beim Niesen, beim Aufstehen oder beim Husten. Bei zu starken Schmerzen hat der Arzt die Möglichkeit Schmerzmittel zu verschreiben, welche für das Kind beim Stillen ungefährlich sind und die Schmerzen der Mutter lindern.

Was Sie bei einem Kaiserschnitt tun können

Bei einem Kaiserschnitt gibt es keinen Grund dafür, dass Sie als Vater nicht dennoch anwesend sein können, um die Geburt Ihres Kindes zu erleben. Tatsächlich ist bei so einem Eingriff Ihre Anwesenheit umso wichtiger, um Ihrer Partnerin beizustehen. In der Praxis sieht es jedoch so aus, dass es durchaus vorkommen kann, dass Sie gebeten werden den Raum zu verlassen. In diesem Fall sollten Sie genau nachfragen, warum dies notwendig ist. Bei einer PDA können Sie Ihrer Partnerin Mut zusprechen und Ihre Hand halten, um sie auf diese Weise zu beruhigen und zu stärken. Der Bereich, indem der Bauch geöffnet wird, wird mit einem Tuch abgedeckt und Sie müssen hier nicht zusehen, also keine Sorge. Sollte tatsächlich eine Vollnarkose stattfinden, dann liegt Ihr Fokus auf dem Baby, für welches Sie da sind wenn es geboren wird, bis die Mama wieder aufwacht. Wenn das passiert, könnte Ihre Partnerin neugierig sein wie es abgelaufen ist. Hier können Sie ihr dann alles berichten. Denn es ist oft so, dass eine Geburt per Kaiserschnitt unter Vollnarkose die Mama psychisch belasten kann, da sie dieses Ereignis nicht mit eigenen Augen erleben konnte und ihr daher eine wertvolle Erinnerung fehlt. Das kann zu einem Gefühl des Versagens führen und sie emotional sehr mitnehmen. Füllen Sie die Lücke in ihrem Gedächtnis und erzählen Sie ihr alles ausführlich über die Geburt.

Bonding

Als Bonding wird in der Entwicklungspsychologie die Kontaktaufnahme mit Ihrem Baby in den ersten Minuten nach der Geburt bezeichnet. Diese ersten Minuten werden mit Sicherheit einen der schönsten Momente Ihres Lebens darstellen, daher sollten Sie sie gut nutzen. Ihr Kind ist auf der Welt und Sie fühlen sich wahrscheinlich überglücklich. Atmen Sie einmal tief durch, kommen Sie zur Ruhe und genießen Sie diese ersten Momente. Vielleicht sind Sie auch überrascht, wie Ihr Baby nun tatsächlich aussieht? Direkt nach der Geburt sehen Babys noch ein wenig „mitgenommen“ aus. Viele Eltern wundern sich darüber, wie klein Ihr Nachwuchs am Ende ist, obwohl Größe und Gewicht vorher weitestgehend bekannt waren. Die Haut von Neugeborenen ist schrumpelig und auch die Hautfarbe muss noch ihre endgültige Form annehmen.

Es wäre ideal, wenn die Geburtshelfer ihnen ein wenig Zeit zu dritt lassen können. Auf diese Weise können Sie in Ruhe beobachten, wie Ihr Kind seine ersten Eindrücke von der Welt wahrnimmt. Diese erste Kontaktaufnahme ist umso wichtiger, wenn die Mama aufgrund von Erschöpfung nicht sofort in der Lage ist, mit ihrem Kind in Kontakt zu treten. Anschließend wird Ihr Kind gewaschen, gemessen, gewogen und angezogen. Sollten Sie keine Gelegenheit haben, die ersten Minuten mit Ihrem Kind zu verbringen, dann ist das auch nicht schlimm. Der Beziehungsaufbau ist nicht von einem Moment abhängig, sondern entwickelt sich ein Leben lang. In den nächsten Tagen und Wochen werden sie beide außerdem genug Zeit finden, um sich besser kennenzulernen.

Endlich Familie

Ihr Kind ist endlich auf der Welt und in seinem neuen Zuhause angekommen. Wenn es Ihr erstes Kind ist, dann wird sich Ihre Welt und Ihr Alltag jetzt von Grund auf umstellen. Es erwartet Sie eine Zeit mit vielen schönen Momenten gemeinsam als Familie und daneben einiges an bisher unbekannten Herausforderungen. Damit Sie diese erste Zeit zu dritt erfolgreich meistern, gehen wir in diesem Kapitel auf Veränderungen ein, die auf Sie zukommen, und geben Ihnen hilfreiche Tipps und Ratschläge rund um das Thema Windeln und Co. mit auf den Weg.

Die Dinge werden sich für Sie verändern

Mit dem Vater-Sein steigt die Verantwortung die Sie tragen immens. Schließlich ist da jetzt ein weiterer Mensch, der Ihre volle Fürsorge, Ihren Schutz und Ihre Aufmerksamkeit braucht. Damit ist auch, in einem gewissen Rahmen, zwangsläufig Verzicht notwendig. Sie werden die ein oder andere liebgewonnene Sache wohl entbehren müssen. Auf der anderen Seite erleben Sie aber auch das Glück, Ihr kleines Baby aufwachsen zu sehen, seine Entwicklungsschritte zu verfolgen und es dabei zu unterstützen und zu fördern. Insbesondere das erste Jahr empfinden frisch gebackene Eltern als besonders mühsam, da das Kleine hier besonders viel Zeit in Anspruch nimmt. Ihr Baby wird sich schnell entwickeln und dadurch sein Verhalten ständig verändern. Es kommt immer was Neues hinzu und jedes Mal stehen Sie und Ihre Partnerin vor der Frage: Was hat es jetzt? Heißt dieses Schreien jetzt Bauchweh oder Hunger? Vor einer Woche hat es sich doch noch anders angehört? Hinzu kommen möglicherweise auch Gefühle der Unsicherheit und Angst. Direkt nach der Geburt ist noch alles neu und alle müssen erst einmal miteinander warm werden. Eine Routine zu entwickeln, die dauerhaft funktioniert, ist hier nicht möglich.

Sie können sich im Grunde auf folgende Dinge einstellen:

- Sie fühlen sich oft überfordert
- Sie haben Angst, Ihr Kind zu fest anzupacken
- Sie werden deutlich weniger schlafen können, da Ihr Kind nachts schreien wird
- Sie werden Angst haben, dass bei Ihrem Baby der plötzliche Kindstod eintrifft
- Sie werden öfter Mal das T-Shirt wechseln als gewohnt, da Ihr Baby gespuckt hat
- Sie werden irgendwann Ihre Freizeit mit Freunden vermissen
- Uvm.

Diese Liste ließe sich noch weiter führen und Sie werden Ihre eigenen, persönlichen Erfahrungen machen. Wichtig ist an dieser Stelle zunächst, dass Sie sich auf diese Zeit einstellen. Es ist nun mal eine Tatsache, dass es gewisse Durststrecken geben wird, bei denen es einfach heißt: Dran bleiben, durchhalten.

Darüber hinaus wird sich Ihre neue Lebenssituation mit Kind auch auf weitere, entscheidende Bereiche Ihres Lebens auswirken

Die Beziehung mit Ihrer Partnerin: In der ersten Zeit mit Kind wird Ihre Liebesbeziehung hinten anstehen. Dies zeigt sich zumindest bei den allermeisten Paaren. Sie werden einfach viel weniger Zeit füreinander haben und oft erschöpft sein. Es ist auch vollkommen normal, dass der Sex zu kurz kommen kann. Pflegen sie Ihre Beziehung so gut sie eben können und wenn sie beide wieder mehr Zeit haben, dann nutzen sie diese ausgiebig für sich aus.

Ihr eigenes Selbstbild: Mit der Geburt Ihres Kindes sind Sie nun nicht mehr der Jüngste in Ihrer Generationsfolge, sondern steigen auf. Sie sind nicht mehr nur Sohn, sondern auch Vater. Dieses veränderte Selbstbild kann sich stark auf Ihr Denken und Ihr Verhalten auswirken, denn Sie begreifen auch das Maß an Verantwortung, welches neu dazugekommen ist. Dies kann dazu führen, dass Sie schlechte Gewohnheiten, wie zum Beispiel rauchen, leichter ablegen können und über wichtige Entscheidungen lieber zwei Mal nachdenken.

Ihr Freundeskreis: Es besteht die Möglichkeit, dass sich Ihr Freundeskreis verändert. Auf der einen Seite finden Sie weniger Zeit für Aktivitäten, da ständig jemand auf das Kind aufpassen muss. Auf der anderen Seite lernen Sie neue Menschen kennen, die ebenfalls frische Eltern sind, zum Beispiel im Geburtsvorbereitungskurs, der Krabbelgruppe oder auf dem Spielplatz.

Väter im Wochenbett

Als Wochenbett bezeichnet man die Zeit nach der Geburt, in der die Mutter sich zurückziehen kann, um sich von der Geburt zu erholen und die schwangerschaftsbedingten, körperlichen Veränderungen sich zurückbilden können. Darüber hinaus ist das Wochenbett dazu geeignet, sich mit der neuen Situation mit Kind vertraut zu machen, gemeinsam Zeit zu verbringen und eine Bindung zueinander aufzubauen. Wenn Ihre Partnerin Geburtsverletzungen erlitten hat, dann können diese in der Zeit des Wochenbetts heilen. Wie lange die Zeit des Wochenbetts dauern soll, ist die Entscheidung der Mutter. Es sollten allerdings schon 6 bis 8 Wochen sein. Diese Zeitspanne ist notwendig, damit der Körper sich nach und nach in den Normalzustand versetzen kann. Viele Frauen verkürzen diese Zeit oder lassen sie sogar ganz wegfallen. Dies ist keineswegs ratsam, da die Frau so die Möglichkeit verstreichen lässt, mit ihrem Baby warm zu werden. Viele Dinge, wie etwa das Stillen, müssen erstmal gelernt werden und sowohl Sie, Ihre Partnerin als auch Ihr Kind müssen dabei lernen und Routinen entwickeln. Daher ist es wichtig, dass sie alle sich Zeit nehmen und gemeinsam herausfinden, wie man es richtig macht.

Als aktiver Vater nutzen Sie ebenfalls das Wochenbett und nehmen sich dafür so viel Zeit wie Sie können. Elternzeit oder Urlaub sollten hier nach Möglichkeit gut eingeteilt sein. Denn gerade in dieser Anfangszeit können Sie sich gut einbringen und viel dazulernen. Seien Sie proaktiv und machen Sie sich an Ihre ersten Versuche ran, das Kind zu wickeln, es zu baden, es auf dem Arm zu tragen oder mit ihm spazieren zu gehen. Denn auch heute zeigt es sich noch oft, dass Väter Ihrer Partnerin gute Unterstützung leisten, die Beziehungspflege zum Kind jedoch hinten ansteht. Eine mangelnde Initiative in diesem Bereich kann schnell dazu führen, dass Sie dauerhaft in eine Rolle verfallen. Nämlich in die, in der Sie sich als einen Mann sehen, der eine Frau mit Kind hat, die Sie unterstützen wenn Sie um etwas gebeten werden. Es fehlt der eigene Kontaktaufbau, Sie nehmen lediglich Anweisungen Ihrer Partnerin entgegen. Daher zeigen Sie, dass Sie auch mal die Zügel in die Hand nehmen können. So eine Gelegenheit bietet sich zum Beispiel dann, wenn ihre Hebamme ihnen beiden das erste Mal zeigt, wie sie ihr Baby richtig baden. Beim nächsten Mal müssen sie selber ran und sind wahrscheinlich ein wenig nervös. Hier können Sie den ersten Schritt machen und Ihrer Partnerin sagen, dass Sie die nächste Baderunde übernehmen wollen.

Für die Mama gilt: Sie soll möglichst selten aus dem Bett müssen, um etwas zu erledigen. Sorgen Sie dafür, dass sie es bequem hat und es ihr an nichts fehlt. Fragen Sie nach ihren Bedürfnissen und legen Sie sich zu ihr ins Bett und genießen gemeinsam die Zeit, wenn das Baby schläft.

Unterstützung durch die Hebamme

Insbesondere Ihre Hebamme steht Ihnen in den ersten 10 Tagen nach der Geburt täglich zur Seite, die Kosten übernimmt die Krankenkasse. Wenn es medizinisch begründet ist, kann Ihre Partnerin innerhalb der ersten 8 Wochen 16 weitere Hebammenbesuche erhalten. Die Hebamme kümmert sich dabei um die Mutter, wie auch um Ihr Baby gleichermaßen. Dabei untersucht sie die körperlichen Rückbildungen, die Wundheilung, den Wochenfluss und auch die seelische Verfassung. Sie dient als emotionale Stütze und kann Ihre

Fragen durch langjährige Erfahrung gut beantworten. Das ist auch wichtig, da der Körper nach der Geburt sehr angeschlagen und hormongetränkt ist, was in Zusammenhang mit den vielen neuen Eindrücken und Herausforderungen schnell mal zu einem Gefühl der Überforderung und Verzweiflung führen kann. Bei Ihrem Kind wird in erster Linie auf das Wachstum und die Entwicklung geschaut. Zu diesem Zweck wird die Hebamme Ihr Kind wiegen, sein Verhalten beim Stillen begutachten und den Inhalt seiner Windeln untersuchen. Darüber hinaus unterstützt die Hebamme auch dabei, das Stillen zu lernen oder bei Stillproblemen, sowie beim Baden des Kindes.

Was Sie nach der Geburt noch erledigen müssen

Auch nach der Geburt gibt es wichtige Termine einzuhalten und Behördengänge, die erledigt werden müssen. Hier geben wir Ihnen eine kurze Übersicht:

- **Anmeldung des Babys beim Standesamt:** Innerhalb einer Woche nach der Geburt muss Ihr Kind bei der Meldebehörde angemeldet werden. Wenn Ihr Kind in der Klinik geboren wird, dann wird in der Regel die Anmeldung für Sie übernommen.
- **Termin zur Vorsorgeuntersuchung U2:** Zwischen dem dritten und dem elften Lebenstag wird Ihr Baby von einem Kinderarzt untersucht. Dabei wird Ihr Kind einmal von Kopf bis Fuß geprüft. Wenn es in der Klinik zur Welt gekommen ist, dann kann es vorkommen, dass die U2 direkt dort vorgenommen wird.
- **Das Baby bei der Krankenversicherung anmelden:** Hier gibt es bestimmte Fristen, die Sie einhalten müssen. Kontaktieren Sie am besten schon während der Schwangerschaft Ihren Berater und besprechen Sie mit Ihrer Partnerin, wie sie ihr Kind versichern möchten.

- **Das Mutterschaftsgeld muss beantragt werden**
- **Das Kindergeld muss beantragt werden**
- **Vaterschaft und Sorgerecht regeln:** Idealerweise haben Sie diese Angelegenheit bereits vor der Geburt erledigt. Wenn nicht, dann ist es jetzt an der Zeit dafür. Dies gilt dann, wenn Sie mit Ihrer Partnerin nicht verheiratet sind. Beides beantragen Sie beim Jugendamt oder Ihrer Gemeinde. Wenn die Mutter Ihres Kindes dies nicht möchte, dann müssen Sie beim Jugendamt einen Antrag auf das gemeinsame Sorgerecht stellen. Reicht die Mutter einen Widerspruch ein, dann entscheidet das Familiengericht.
- **Elterngeld beantragen**

Überblick zu finanziellen Fördermitteln

Mutterschaftsgeld und Arbeitgeberzuschuss

Während der Zeit 6 Wochen vor der Geburt und 8 Wochen nach der Geburt besteht die Mutterschutzfrist. In dieser Zeit hat die Mutter einen Rechtsanspruch auf das sogenannte Mutterschaftsgeld, welches von den gesetzlichen Krankenkassen gezahlt wird. Voraussetzungen sind, dass die Frau im Angestelltenverhältnis tätig und selbst Mitglied in der gesetzlichen Krankenversicherung ist. Die Krankenkasse zahlt dabei maximal 13€ pro Tag. Anschließend stockt der Arbeitgeber den Betrag bis zum vorherigen Nettogehalt auf.

Die Frau erhält von Ihrem Arzt eine Bescheinigung über den voraussichtlichen Geburtstermin, welche dann beim Arbeitgeber und der Krankenkasse eingereicht werden muss. Nach der Geburt muss beiden die Geburtsurkunde vorgelegt werden. Für weitere Informationen können Sie sich auf den Seiten des Bundesfamilienministeriums (www.bmfsfj.de) und des Bundesversicherungsamts (www.mutterschaftsgeld.de) informieren und eine Auskunft über Ihre individuelle Situation erhalten.

Einmalige Beihilfe zur Erstausstattung

Dabei handelt es sich um eine Unterstützung, die sicherstellen soll, dass Sie in der Lage sind erforderliche Babyausstattung, Umstandsmode, Kinderbett usw. zu beschaffen. Stellen Sie dazu einen Antrag beim Sozialamt oder gegebenenfalls der Agentur für Arbeit. Im Antrag müssen Sie dann alle Dinge auflisten, die Sie benötigen. Ob Sie auf diese Leistung Anspruch haben, hängt von Ihrem Einkommen ab und Sie haben hier leider keinen Rechtsanspruch. Wenn es mit Ihren Finanzen eng aussieht, dann können Sie sich bei der Bundesstiftung „Mutter und Kind" (www.bundesstiftung-mutter-und-kind.de) über Ihre Möglichkeiten schlau machen.

Kindergeld beantragen

Sie haben einen Rechtsanspruch auf Kindergeld. Dieses ist einkommensunabhängig und beträgt aktuell (2021) 219€ für das erste und zweite Kind, 225€ für das dritte Kind und 250€ für jedes Weitere. Das Kindergeld wird bis zum 18. Lebensjahr gezahlt. Befindet sich das Kind über dieses Alter hinaus in einer Ausbildung oder einem Studium, dann kann ein Antrag auf Weiterzahlung bis zum 25. Lebensjahr gestellt werden. Das Kindergeld beantragen Sie bei der Familienkasse der Bundesagentur für Arbeit (www.arbeitsagentur.de/familie-und-kinder).

An dieser Stelle ein Hinweis: Die Höhe von Zahlungen und Fördermitteln ändert sich teilweise jedes Jahr. Deshalb sollten Sie sich stets bei den zuständigen Instituten über den aktuellen Stand informieren.

Kinderzuschlag zum Elterngeld

Sie haben Anspruch auf den Kinderzuschlag, wenn Ihr Einkommen Ihren eigenen Bedarf decken kann, jedoch nicht den Ihrer Kinder. Den Antrag stellen Sie bei der Familienkasse der Agentur für Arbeit (www.arbeitsagentur.de/familie-und-kinder).

Über das Stillen

Nach der Geburt ernährt sich Ihr Baby zunächst von der Vormilch. Dies ist eine gelbliche Flüssigkeit, welche viele Nähr- und Abwehrstoffe enthält und für eine gute anfängliche Entwicklung sorgt. Nach 2 bis 6 Tagen beginnen die Brüste damit, die eigentliche Muttermilch zu produzieren. Aus gesundheitlicher Sicht sprechen viele Gründe dafür, Kinder möglichst lange zu stillen. Beikost sollte nicht vor dem sechsten Monat zum Einsatz kommen. Laut Statistiken haben gestillte Kinder ein insgesamt gesünderes Wohlbefinden. Sie besitzen stärkere Abwehrkräfte, leiden seltener an Allergien und erleiden seltener den plötzlichen Kindstod. Darüber hinaus besitzt Muttermilch immer genau die perfekte Zusammensetzung an Nährstoffen für Ihr Baby und hat stets eine ideale Temperatur. Die Empfehlung der Weltgesundheitsorganisation (WHO) lautet: Säuglinge sollen mindestens für 6 Monate gestillt werden. Anschließend werden sie für ein weiteres Jahr gestillt und gewöhnen sich in dieser Zeit nach und nach an feste Kost. Bei der Milchproduktion läuft es wie folgt: Es wird immer die Menge an Milch produziert, welche das Baby benötigt. Wenn es viel trinkt, dann produzieren die Brüste mehr Milch. Trinkt es weniger, dann verringert sich die Milchmenge wieder. Die Nachfrage bestimmt also das Angebot.

Diese Information kann Ihnen im Wachstumsverlauf Ihres Kindes vielleicht helfen. Denn Kinder wachsen nicht kontinuierlich, sondern in Schüben. Von heute auf morgen machen sie einen großen Sprung nach vorne und lernen neue Dinge oder verhalten sich anders. Da Ihr Baby jetzt auf dem nächsten Level ist, benötigt es mehr Energie und will mehr trinken. Die Milchproduktion ist allerdings noch auf das alte Level eingestellt und braucht ein paar Tage, um sich an den neuen Bedarf anzupassen. Die Folge: Ihr Kind schreit öfter und fordert die Milch ein, welche jedoch noch nicht verfügbar ist. Dies wird auch als Stillfrust bezeichnet. Die Phase eines Stillfrusts kann für Paare sehr belastend sein, insbesondere nachts. Eine Lösung wäre, wenn Ihre Partnerin nachts gar nicht großartig aufstehen muss und das Baby, wenn es

Hunger hat, zu sich ins Bett nimmt und an die Brust legt. So hat sie die Möglichkeit nach der Fütterung schnell wieder in den Schlaf zu finden.

Wie können Sie als Vater in der Stillzeit unterstützen?

Stillen ist im Grunde eine reine Frauenangelegenheit, bei der wir Männer oft außen vorstehen. Allerdings können auch Sie als Vater sich aktiv einbringen und Ihre Partnerin unterstützen. Denn eines steht fest: Als Vater spielen Sie eine zentrale Rolle für die Stilldauer und den Stillerfolg.

Zuerst sollten Sie mit Ihrer Partnerin besprechen, wie lange sie planen zu stillen beziehungsweise ob es überhaupt für Ihre Partnerin in Frage kommt. Damit liegen alle Erwartungen auf dem Tisch und sie können auf einen gemeinsamen Nenner kommen. Ansonsten gibt es mehrere Möglichkeiten, praktische Unterstützung zu leisten. Stillen erhöht den Flüssigkeitsbedarf einer Frau. Im Wochenbett können Sie Ihre Partnerin daher immer mal wieder mit einem Glas Wasser versorgen. Setzen Sie sich beim Stillen zu ihr und legen Sie sich an sie. Auf diese Weise schaffen Sie Nähe und bringen sich in den Stillprozess als Beobachter ein. Wenn Ihre Partnerin stillt, dann muss sie alles andere erstmal stehen und liegen lassen. Hier können Sie sich einschalten und die Dinge für sie erledigen, die noch anfallen. Einer der wichtigsten Punkte ist Stressvermeidung. Dadurch bilden sich im Körper Ihrer Partnerin Stresshormone, welche über die Muttermilch an das Baby weitergegeben werden und zu Unruhe führen können. Nicht immer herrscht eitel Sonnenschein, dies ist vollkommen klar. Sollte sich bei ihnen beiden ein Streit auftun, dann tun Sie gut daran nachzugeben wenn Sie können. Nach einer Weile kann man immer noch das Gespräch suchen, nur in einem anderen Ton. Gerade die Zeit mit Baby kann einem Paar schon mal an die Substanz gehen, was gelegentlich für dicke Luft sorgen kann. Als engagierter Vater ist Ihnen das Wohlbefinden Ihrer Familie wichtig, daher ist es ausschlaggebend, dass Sie auch im Punkt Stressvermeidung das Ruder in die Hand nehmen.

Wenn die Flasche ran muss

Es kann natürlich vorkommen, dass Ihre Partnerin nicht stillen möchte oder kann. Denn das Stillen kann für eine Frau eine große Belastung sein, die schnell mal zu einer Überforderung führt. Dies kann bei Paaren zu Konflikten führen, nämlich dann, wenn der Vater darauf besteht und Druck macht. Dies sollten Sie auf jeden Fall vermeiden. Sprechen Sie stattdessen mit Ihrer Partnerin und fragen Sie nach, was genau sie dabei belastet. Möglicherweise fehlt es einfach an Wissen und Informationen zum Stillen. Haben sie ihre Hebamme mal um eine Stillanleitung gebeten? Leidet Ihre Partnerin vielleicht unter starkem Schlafentzug und fühlt sich deshalb überlastet? Was können Sie noch tun, um ihr mehr Erholung und Schlaf zu verschaffen?

Klären Sie gemeinsam ab, welche Möglichkeiten sie noch haben, damit Ihre Partnerin sich beim Stillen wohler fühlt. Wenn alle Mittel ausgeschöpft sind und das Stillen sich weiterhin zu einer Belastung entwickelt, dann macht es Sinn zur Flasche zu wechseln. Lassen Sie sich darauf ein und wertschätzen Sie Ihre Partnerin für ihre Bemühungen, anstatt Kritik zu üben. Immerhin haben Sie dadurch den Vorteil, dass Sie Ihr Kind auch selber füttern können.

Wenn Babys schreien

Schreien ist die einzige Ausdrucksform, die Ihrem Baby zur Verfügung steht, also wird es oft davon Gebrauch machen. Dies ist ganz normal und natürlich und Sie werden lernen, richtig mit dem Schreien Ihres Kindes umzugehen. Wenn Babys schreien, dann tun sie das, weil sie gerade irgendwas möchten. Sie können Hunger, Bauchschmerzen oder eine volle Windel haben. Manchmal sind sie einfach müde und finden nicht den Schlaf und schreien deshalb. Mit der Zeit werden Sie lernen, das Schreien einigermaßen zu deuten. Babys schreien nicht immer gleich. Je nachdem, was sie gerade möchten, kann sich das Schreien unterschiedlich anhören. Mit etwas Erfahrung werden Sie wissen, was Ihr Baby gerade braucht und entsprechend reagieren können. Es wird allerdings auch oft dazu kommen, dass egal was Sie tun, das Kleine einfach nicht aufhört zu weinen. Dies sind besonders stressige

Momente für Eltern, bei denen durch die Ratlosigkeit schnell mal Frust, Ärger und sogar Wut entstehen kann. Wenn dies bei Ihnen der Fall sein sollte, dann gilt es erstmal zu entschärfen. Lassen Sie Ihr Baby erstmal auf einem sicheren Platz liegen und verlassen Sie nur für ein paar Minuten das Zimmer. Atmen Sie tief durch und machen Sie sich klar, dass Ihr Kind Sie nicht ärgern will, sondern gerade jetzt Ihre volle Liebe und Fürsorge benötigt. Lassen Sie Ihre Stimmung niemals an dem Kind aus und schütteln Sie Ihr Baby nicht, da dies zu ernsthaften Schäden führen kann. Da es immer einen Grund gibt, warum Babys schreien, sollen Sie es auch niemals schreien lassen, sondern stattdessen nochmal die extra Menge an Energie investieren, die Ihnen zur Verfügung steht.

Aus der Säuglingsforschung wissen wir, dass das Schreien von Babys auch ein Verarbeitungsprozess sein kann. Nach der Geburt sammelt das Neugeborene sehr viele Eindrücke seiner Umgebung. Naturgemäß möchte es so seine Umwelt schnell kennenlernen, um irgendwann darin „überlebensfähig" zu sein. Diese Eindrücke können allerdings schnell mal zu viel werden und das Gehirn des Babys, welches alle Informationen verarbeitet, überlastet. Es ist erwiesen, dass das Baby dann tatsächlich Stress empfinden kann. Diesen baut es über das Schreien ab. Für Eltern ist das oft ein nur schwer erkennbarer Schreigrund. Hier heißt es: Fürsorge und Trost spenden. Wenn Sie Ihr Kind auf dem Arm tragen, auch wenn es durchgehend schreit, dann spürt es trotzdem Ihre Nähe und weiß, dass es in dieser Situation nicht allein gelassen wird. Bewahren Sie Ruhe und atmen Sie gleichmäßig und ruhig ein und aus, sodass das Baby diese Atmung ebenfalls spürt. Wechseln Sie sich mit Ihrer Partnerin ab, bis das Kleine nachgibt und einschläft. Manchmal kann dies eine Weile dauern, aber irgendwann schläft es. Geduld ist hier der Schlüssel zum Erfolg. Wenn Sie feststellen, dass Ihr Baby immer wieder für mehrere Stunden schreit, dann sollten Sie den Kinderarzt mal prüfen lassen, ob mit dem Baby körperlich alles in Ordnung ist.

Schlafende Babys

Das, wofür Babys wahrscheinlich am meisten gefürchtet werden, sind die vielen zahllosen Stunden des Schlafentzugs der Eltern. Babys schlafen zunächst in kurzen Abständen, auch in der Nacht. Denn zu Beginn haben Babys ihren eigenen Wach-Schlaf-Rhythmus. Erst mit der Zeit wird dieser an den Tag-Nacht-Rhythmus angepasst. Es dauert auch eine Weile, bis Ihr Kind damit beginnt, größere Mengen am Stück durchzuschlafen. Dabei ist das Schlafverhalten bei Babys recht individuell und unterscheidet sich teilweise sehr. Innerhalb eines vollen Tages kann die gesamte Schlafdauer von Babys zwischen 12 und 20 Stunden betragen. Um Ihrem Kind das Einschlafen zu erleichtern, sollten Sie sich Rituale überlegen, an die es sich gewöhnen kann. Zum Abend hin sollten kurz vor dem Zu-Bett-Gehen keine wilden Aktivitäten mehr unternommen werden. Dämmen Sie das Licht und machen Sie den Raum dunkler. Dadurch wird, wie bei uns Erwachsenen, das Hormon Melatonin ausgeschüttet, welches auch als Schlafhormon bekannt ist. Sorgen Sie für eine ruhigere Geräuschkulisse, indem Sie zum Beispiel den Fernseher zum Abend hin leiser stellen. Dieses Muster wird Ihrem Baby dabei helfen zu verstehen, dass jetzt Schlafenszeit ist.

Sie können Ihrem Baby auch eine Geschichte zum Schlafengehen vorlesen. Es wird zwar nicht verstehen was Sie da lesen, allerdings wird der Klang Ihrer Stimme beruhigend wirken und es weiß, dass da noch jemand im Raum ist und es fühlt sich nicht allein. Wenn es Ihnen lieber ist, können Sie genauso gut etwas vorsingen oder eine eigene Geschichte erzählen.

Tipps für einen gesunden Schlaf

An dieser Stelle wollen wir Ihnen ein paar Empfehlungen mitgeben, welche einen gesunden Schlaf Ihres Babys gewährleisten sollen. Mit gesund meinen wir, dass Ihr Baby einen möglichst erholsamen Schlaf findet und dem plötzlichen Kindstod vorgebeugt wird.

- Legen Sie Ihr Baby in einem Babyschlafsack zu Bett ohne eine zusätzliche Decke (Überhitzung vermeiden)
- Das Kinderbett steht idealerweise im Schlafzimmer der Eltern
- Bis zum Alter von 1 Jahr sollte Ihr Baby in Rückenlage schlafen. Die Bauchlage sollte in jedem Fall vermieden werden
- Vermeiden Sie Gegenstände wie Kuscheltiere im Bett, welche die Atemwege Ihres Kindes verschließen könnten
- Wenn Sie oder Ihre Partnerin rauchen, dann sollte das Kind nicht mit Ihnen im selben Bett schlafen. Es nimmt die Schadstoffe in feinen Spuren zu sich, was ein erhöhtes Risiko für den plötzlichen Kindstod ist. Dasselbe gilt natürlich auch für Alkohol und andere Drogen
- Die ideale Raumtemperatur liegt bei 16° - 18° C
- Wenn Sie sich nicht sicher sind, ob Ihr Kind zu warm oder zu kalt angezogen ist, dann können Sie mit den Fingern den Nacken ertasten. Wenn Sie dabei feststellen, dass Ihr Baby schwitzt, dann ist es zu warm. Ist der Nacken kalt, dann können Sie ihm noch Kleidung drüber ziehen
- Grundsätzlich gilt es, eine Überhitzung zu vermeiden, nicht nur durch die Kleidung. Achten Sie auch darauf, das Bettchen nicht zu nah an der Heizung zu platzieren und darauf, dass die Sonnenstrahlen nicht direkt darauf einwirken
- Durch ausschließliches Stillen Ihres Babys sinkt das Risiko eines Atemstillstands im Schlaf deutlich

Babys und Haustiere

In sehr vielen Haushalten in Deutschland wohnen mittlerweile auch Tiere wie Hunde, Katzen, Hamster, Kaninchen und viele mehr. Während die kleineren Exemplare, wie Nagetiere, in Käfigen oder Ställen leben, bewegen sich die größeren Vierbeiner meist frei in der Wohnung. Wenn ein Baby auf dem

Weg ist, fragen sich daher viele Eltern zu Recht, wie sie das Zusammenleben gestalten können und worauf sie besonders achten müssen. Wenn ein Baby mit Hund oder Katze aufwächst, dann kann dies fördernde Effekte auf die Entwicklung eines Neugeborenen haben, birgt allerdings auch Risiken:

Vorteile von Tieren im Haushalt

- Ihr Kind hat ein geringeres Risiko Allergien zu erleiden
- Ihr Kind hat eine stärkere Motivation, soziale Kompetenzen und ein Verantwortungsbewusstsein gegenüber anderen Lebewesen zu entwickeln
- Ein Kontakt zu Tieren im frühen Kindesalter schafft ein frühzeitiges Gefühl von Naturverbundenheit
- Laut Studien zufolge machen Haustiere uns glücklicher. Dieses Glück wirkt sich auf die ganze Familie aus kann für eine fröhliche Atmosphäre sorgen. Insbesondere, wenn das Haustier ebenfalls Spaß am Umgang mit Menschen hat

Probleme mit Tieren im Haushalt

- Je nach Persönlichkeit des Tieres, kann ein Risiko für die Sicherheit des Babys bestehen
- Tiere können Träger von Erregern und Parasiten sein, welche auf das Baby überspringen können
- Ein Tier kann unter Umständen eine Menge Zeit in Anspruch nehmen. Wenn Ihr Kalender ohnehin schon schwer zu entrümpeln ist, um Zeit mit Ihrem Kind zu verbringen, dann könnte Ihnen das mit Haustier umso schwerer fallen
- Auf der anderen Seite muss auch das Wohl des Tieres berücksichtigt werden. Wenn es zu wenig Zeit und Aufmerksamkeit erhält, dann kann es gegebenenfalls schwer darunter leiden

Sie sollten Ihr Haustier bereits während der Schwangerschaft auf die Ankunft des Babys vorbereiten. Wenn Sie das Kinderzimmer einrichten und nicht möchten, dass Ihr Hund es später betritt, dann beginnen Sie unmittelbar damit, es ihm beizubringen. Wenn Sie sich für eine Klinikgeburt entschieden haben, dann wird Ihre Partnerin ein paar Tage nach der Geburt dort bleiben müssen. Das Baby wird seine ersten Klamotten tragen, welche Sie nach Ihren Besuchen mitnehmen und dem Haustier zum Schnuppern geben können. Damit kennt es bereits den Geruch des Babys und ist später weniger verwundert. Es kann sein, dass Sie nach Ankunft des Babys eine Änderung des Verhaltens des Tieres feststellen. Es ist nicht unüblich, dass Tiere dem Baby gegenüber einen starken Beschützerinstinkt entwickeln. Es wäre möglich, dass Ihr Haustier, welches ansonsten sehr lieb und zahm ist, plötzlich sehr aggressiv auf Fremde reagiert.

Grundsätzlich lässt sich das Zusammenleben von Baby und Haustier sehr gut regeln. Dazu sollten Sie allerdings einige Hinweise beachten:

- Lassen Sie Ihr Haustier nie mit Ihrem Kind allein. Insbesondere Kleinkinder können das Tier irritieren, indem sie es am Fell ziehen oder das Spielzeug wegnehmen, wodurch das Tier oft ungewohnt reagieren und schon mal zubeißen kann
- Die Haustiere sollten nicht ins Kinderzimmer gelassen werden. Sie können Keime ins Bett hinein schleppen und unerwünschte Tierhaare hinterlassen. Katzen sind sehr erkundungsfreudig und sie können sich schon mal vor oder sogar auf ein Baby drauflegen. Um das zu verhindern können Sie ein Netz über dem Bettchen aufhängen. Zudem sollte das Baby nicht in die Nähe des Klos oder des Fressnapfs kommen können

- Katzen können den Toxoplasmose-Erreger übertragen, welcher dafür bekannt ist, ein besonderes Risiko in der Schwangerschaft zu sein, da er dem Ungeborenen schaden kann. Mit einem Bluttest können Sie prüfen lassen, ob bei Ihrer Partnerin eine Immunität gegen den Erreger vorliegt. Ebenso können Sie prüfen lassen, ob Ihre Katze den Erreger trägt
- Wenn Sie eine Hunde- oder Katzenklappe haben und Ihr Kind bereits krabbeln kann, sollten Sie das berücksichtigen, wenn Sie Ihre Wohnung babysicher machen
- Auch wenn Haustiere Allergien vorbeugen, kann es bei Ihrem Kind trotzdem zu einer Tierhaarallergie kommen. Das sollten Sie im Hinterkopf haben und sich Gedanken machen, wohin Sie Ihr Haustier in so einem Fall gut behütet weggeben können
- Prüfen Sie Ihr Haustier regelmäßig auf Keime und Parasiten, um zu verhindern, dass diese ins Haus gelangen. Gehen Sie durch Fell und Pfoten und schauen Sie, ob Sie beispielsweise Zecken finden können und entfernen Sie sie. Nach Kontakt mit dem Tier sollten sich zudem alle gründlich die Hände waschen, bevor das Baby angefasst wird. Außerdem sollten regelmäßige Checks beim Tierarzt stattfinden, um einen Befall auszuschließen

Darüber hinaus müssen Sie besonders aufpassen, wenn Sie Reptilien zuhause halten. Denn 90% der Reptilien tragen Salmonellen-Erreger auf der Haut und im Rachen. Parasiten wie Würmer, die bei Hunden und Katzen auftreten, lassen sich wieder entfernen. Dies ist bei den Salmonellen bei Reptilien nicht so. Der Erreger kann bei Babys schwerwiegende Folgen haben wie Fieber, Erbrechen und Durchfall. Laut Empfehlungen von Mikrobiologen, soll mindestens bis zum 5. Lebensjahr eines Kindes kein Reptil im Haushalt gehalten werden.

Die Entwicklung Ihres Kindes in einem Jahr

An dieser Stelle wollen wir Ihnen einen kleinen Überblick auf das geben, was auf Sie zukommt. Ihr Baby entwickelt sich nicht kontinuierlich, sondern in Schüben. Ein Entwicklungsschub ist ein Sprung in der Kindsentwicklung, durch den es nicht nur an Größe, sondern auch an neuen Fähigkeiten dazu gewinnt. Diese Entwicklungsschübe ändern schlagartig das Verhalten des Babys und können für anstrengende und weinerliche Phasen sorgen. Hier erfahren Sie, wann Sie mit welchem Schub rechnen können und worauf Sie sich einstellen und freuen dürfen.

Entwick-lungsschübe	Wann?	Was passiert hier?
Schub 1	**Woche 5**	Ihr Baby beginnt damit, seine Aufmerksamkeit zu lenken und Dinge interessant zu finden. Es kann auch passieren, dass Sie das erste Lächeln zu Gesicht bekommen. Des Weiteren wird Ihr Baby weinerlicher und es wird einen größeren Appetit entwickeln. Daher sollte es häufiger gestillt und im Arm getragen werden. Auch körperliche Nähe kann sehr gut helfen.
Schub 2	**Woche 8**	Sinne wie Sehen, Hören und tasten entwickeln sich weiter. Ihr Baby ist nun auch in der Lage besser Farben zu sehen. Fördern Sie diese Sinne durch Mobiles, Berührungen oder singen Sie dem Baby was vor.
Schub 3	**Woche 12**	Nach diesem Schub sind die Bewegungen Ihres Babys nicht mehr so willkürlich, sondern mehr zielgerichtet. Seine Stimmorgane sind weiterentwickelt und es kann mehr Laute von sich geben, welche zudem deutlich lauter klingen. Dementsprechend kreischt es öfter. Zudem verfolgt es interessiert Ihre Bewegungen. Häufiges Stillen und Schlafrituale sollten hier an der Tagesordnung stehen.

Entwicklungsschübe	Wann?	Was passiert hier?
Schub 4	**Woche 19**	Ihr Baby erlebt einen Wachstumsschub und beginnt damit, an Dingen zu nuckeln. Es lernt eine Abfolge von Ereignissen zu verfolgen und der Körper ist kräftig genug, um sich zu drehen. Ihr Kind wird größeren Appetit haben und unruhiger werden, daher heißt es hier, viel Geduld zu bewahren.
Schub 5	**Woche 26**	Nach diesem Schub lernt Ihr Baby verstärkt Emotionen zu verspüren und Zusammenhänge zu erkennen. Auch die Sprachfähigkeit entwickelt sich weiter und es beginnt zu brabbeln. In dieser Phase ist es besonders anhänglich und oft unzufrieden. Es ist aber auch experimentierfreudig und probiert neugierig Dinge aus (Ursache-Wirkung-Beziehungen).
Schub 6	**Woche 37**	Hier lernt das Kind Dinge in Kategorien einzuteilen und seine Bewegungen und Feinmotorik sind deutlich verbessert. Es spricht seine ersten Worte, lernt krabbeln und kann mit einem Löffel essen. Es ist jetzt aktiver und unternehmensfreudiger. Hier müssen Sie Ihrem Kind bereits erste Grenzen aufzeigen, die es einzuhalten gilt.
Schub 7	**Woche 47**	Nach dem 7. Schub entwickelt Ihr Kind eine verstärkte Neugier für die Dinge. Es kann jetzt sitzen und seine Sprache verbessert sich. Es entwickelt einen ausgeprägten Spieltrieb, wird probierfreudiger und kann zu Wutanfällen neigen. Lassen Sie Ihrem Kind einen gewissen Freiraum, um die Welt zu entdecken und machen Sie das Haus babysicher.

Entwick-lungsschübe	Wann?	Was passiert hier?
Schub 8	**Woche 55**	Die Zeit nach dem 8. Schub wir als Trotzphase bezeichnet. Die Persönlichkeit Ihres Kindes ist ausgeprägt und es will immer mehr seinen Willen durchsetzen. Es lernt laufen und möchte wie die Erwachsenen alleine essen. In dieser Zeit wird Ihr Kind wahrscheinlich schlechter schlafen und öfter schlecht gelaunt sein. Auch hier müssen Sie klare Grenzen setzen, „Nein“ sagen können und ansonsten viel Ruhe und Geduld bewahren.

Ihre Paarbeziehung muss gepflegt werden

Nachdem Ihr Baby geboren ist folgen ein paar Wochen der Neuorientierung. Am Anfang ist noch alles recht turbulent, jedoch wird sich Ihr neuer Alltag allmählich einpendeln. An diesem Punkt stellen viele Paare fest, dass ihre Liebesbeziehung und die Sexualität einen zweitrangigen Platz einnehmen. Ihr Baby wird sie beide sehr fordern und viel Zeit beanspruchen. Auch werden sie immer mal wieder sehr erschöpft und ausgelaugt sein, sodass kaum noch Energie für ihre Paarbeziehung bleibt und sie sich stattdessen erholen möchten. Natürlich kann man nicht pauschalisieren, ob ihr Alltag zu dritt tatsächlich anstrengend oder eher leicht ausfallen wird. Wie wir Erwachsenen, besitzen auch Babys Persönlichkeiten und Wesenszüge, welche maßgeblich ihr Verhalten beeinflussen. Daher gibt es auch Babys, die ihre Eltern mehr beanspruchen als andere.

Es kann schnell mal zu einem Ungleichgewicht in der Vater-Mutter-Kind-Beziehung kommen. In der Regel ist es heute noch so, dass die Mutter zu Beginn die stärkste Verbindung zum Kind hat, schließlich hat sie es 9 Monate im Körper getragen und versorgt es über das Stillen mit Nahrung. Diese starke Verbindung zwischen Mutter und Kind löst bei vielen Vätern Eifersucht aus. Sie fühlen sich außen vor und nicht als Teil dieser Verbindung. Dies ist jedoch ein ganz natürlicher Zustand und Ihnen bleibt hier im Grunde nicht mehr übrig, als die Tatsache zu akzeptieren, dass die Mama einen kleinen Vorsprung hat, was die Bindung zum Kind angeht. Sie sollten sich davon auf keinen Fall entmutigen lassen, denn wenn Sie sich einbringen und Ihrem Kind Liebe, Aufmerksamkeit und Fürsorge zeigen, dann wird es sehr schnell lernen, dass es zwei liebevolle Menschen um sich hat. Auch Ihre Partnerin wird dann verstehen, dass Sie als Vater sich ganz klar in Ihrer Rolle bei der Kindererziehung positionieren.

Diese Eifersucht kann auch anders herum funktionieren, nämlich dass die Mutter auf den Vater eifersüchtig wird. Immerhin kann er noch das Haus verlassen, Freunde treffen oder zur Arbeit gehen. Diese Situation sollten Sie vermeiden, indem Sie Ihre Partnerin von vornherein mit dem Baby entlasten. So hat sie Freiräume und kann neue Energie auftanken. Nichtsdestotrotz wird für sie beide der Wandel von einem Paar zu Eltern eines Kindes eine große Umstellung bedeuten. Gemeinsame Aktivitäten, wie Kneipen- oder Kinobesuche, werden nicht mehr ohne Weiteres möglich sein. Durch die Erschöpfung bricht bei vielen Paaren die Kommunikation ab, das Sexualleben leidet darunter und es kommt öfter zu Streitereien. Daher zeigt sich in den Statistiken, dass viele Paare sich in den ersten Jahren nach der Geburt trennen. Die Geburt eines Babys bringt sehr viele wunderschöne Aspekte mit sich, allerdings muss man auch die Schattenseiten kennen.

Damit Sie Ihre Paarbeziehung auch mit Baby erfolgreich meistern, geben wir Ihnen in diesem Kapitel wertvolle Tipps und Ratschläge mit, wie Sie Ihre Beziehung pflegen und ihre Sexualität, auch mit Baby im Haus, voll auskosten können.

Beziehungspflege mit Baby

Damit sie als Paar auch weiterhin eine glückliche und harmonische Beziehung führen können, müssen sie aktiv werden und daran arbeiten. Eine glückliche Beziehung der Eltern wird auch ihrem Kind guttun. Wenn es die harmonische Verbindung zwischen ihnen beiden miterlebt, dann wird auch dessen Entwicklung positiver verlaufen, da es sich in einem positiven Umfeld befindet.

Gestalten sie Streitereien und Diskussionen konstruktiv

Ein Streit dient in einer Beziehung dazu, dass beide Parteien ihre Meinungen und Sichtweisen äußern, umso aufeinander zuzugehen, um in Zukunft besser auf den anderen eingehen zu können. Daher sind Streits ein wichtiger Faktor für das gemeinsame Zusammenleben und kein Indikator für eine schlechte Beziehung. Der Ton macht hier die Musik. Es kommt auf die Art und Weise an, wie sie sich gegenseitig austauschen. Wenn es bei einer Diskussion nur darum geht, die besseren Argumente zu bringen und auf diese Weise aus einem Streit ein Wettkampf wird, dann hilft dies niemandem. Deshalb sollten sie bei ihren Gesprächen ein paar Regeln berücksichtigen:

- **Offen und ehrlich sein**: Stehen Sie zu Ihren Schwächen und dazu, wenn Sie mal etwas vergessen haben, das Ihnen aufgetragen wurde (zum Beispiel eine Erledigung im Supermarkt). Versuchen Sie sich nicht taktisch aus unangenehmen Situationen herauszuwinden, sondern stehen Sie dazu. Durch Ihre Ehrlichkeit sind Sie zudem ein gutes Vorbild für Ihre Kinder.
- **Keine direkten Anschuldigungen**: Wenn Sie mit etwas nicht zufrieden sind, dann sagen Sie, was Sie stört und führen Sie es näher aus („Es stört mich, weil...“), anstatt Ihre Partnerin direkt anzuschuldigen. „Ich ärgere mich, dass ich jetzt keine Batterien habe, weil die in der Fernbedienung leer sind.“ ist besser als die direkte Anschuldigung „Du hast vergessen Batterien zu kaufen!“
- **Lassen Sie die Vergangenheit ruhen**: Wenn sie diskutieren, dann tun sie das über aktuelle Ereignisse die relevant sind. Das ständige Aufwühlen alter Fehlschläge führt nur zu unnötigem Ärger. Was passiert ist, ist nun mal passiert und lässt sich nicht ändern. Schauen sie nach vorne.

- **Seien Sie konkret**: Wenn Sie Ihre Partnerin auf etwas hinweisen möchten, dann seien Sie in Ihren Ausführungen genau. Dazu zählt auch, dass Sie nicht nur ein Problem in den Raum stellen, sondern auch genau wissen, wie die Situation für Sie ideal aussieht, wenn sie gelöst ist. Auf diese Weise können Sie effektiv an Lösungen arbeiten. Verallgemeinerungen führen in der Regel selten ans Ziel.
- **Machen Sie aus dem Verhalten keine Eigenschaft**: Wenn Ihre Partnerin öfter Mal vergisst etwas für Sie einzukaufen, dann sollten Sie Begriffe wie „Das ist ja wieder mal typisch…“ vermeiden. Damit unterstellen Sie indirekt, dass Ihre Partnerin grundsätzlich ein vergesslicher Mensch ist. Wenn Sie aus einem Fehlverhalten Ihrem Gegenüber gleich eine negative Eigenschaft zuweisen, dann ist dies sehr verletzend und sorgt für Gegenwehr.
- **Hören Sie zu**: Unterbrechen Sie Ihre Partnerin nicht, wenn sie gerade spricht. Gehen Sie stattdessen auf das Gesagte ein und stellen Sie dazu weitere Fragen. So zeigen Sie Interesse an den Anliegen Ihrer Partnerin und geben ihr die Möglichkeit, wirklich alles zu sagen, was gesagt werden muss. Wenn es bei ihren Gesprächen sehr turbulent zugeht, dann macht es Sinn, Gesprächszeiten von ein paar Minuten zu vereinbaren. Wenn die Zeit abgelaufen ist, redet der andere. Was sich hier befremdlich anhört kann in der Praxis dafür sorgen, dass sie einige zielführende Gespräche führen werden, welche brauchbare Lösungen hervorbringen.
- **Probleme anhören**: Wenn Ihre Partnerin Probleme äußert, dann hören Sie sich diese an und nehmen diese so hin, wie sie kommen. Versuchen Sie nicht mit Argumenten diese Probleme runterzuspielen oder Ihre eigenen dagegenzuhalten. Auch wenn Sie gerade keine Lösung parat haben, so hilft es eine ganze Menge, wenn Sie einfach nur aufmerksam zuhören und Ihre Partnerin aussprechen lassen.

- **Gegenseitige Wertschätzung**: Wenn Sie sich einander öffnen, dann sollten Sie Ihrem Gegenüber dafür Anerkennung zeigen. Durch den Austausch wissen Sie nun, wie Sie es besser machen können (genau wie Ihre Partnerin). „Danke für deine Offenheit, jetzt verstehe ich besser, warum dir das so wichtig ist. In Zukunft werde ich daran denken."
- **Klarheit schaffen**: Es ist uns nicht immer direkt geläufig, was ein anderer uns sagen möchte. Wenn Sie das Gefühl bekommen, etwas noch nicht ganz verstanden zu haben, dann haken Sie nochmal nach. Wiederholen Sie in eigenen Worten kurz, was Ihre Partnerin gerade gesagt hat und was sie sich wünscht. So können Sie Missverständnisse vermeiden und sicher gehen, dass sie auf einen Nenner kommen.

Wertschätzung in der Beziehung

Positives Feedback verleiht uns eine Energie, welche uns motiviert und vorantreibt. Wenn wir Lob und Anerkennung erhalten, dann macht uns das glücklich und lässt uns zuversichtlicher werden. Zu Beginn einer Beziehung stehen Schmeicheleien und nette Komplimente an der Tagesordnung. Im Laufe der Zeit verliert sich jedoch diese Gewohnheit und sie müssen aktiv daran arbeiten, um die gegenseitige Bewunderung füreinander in der Beziehung zu stärken. Die Erziehung eines Babys kann anstrengend sein und es kommt vor, dass der Frust die Freuden am Eltern-Sein manchmal überwiegt. In so einer Stresssituation neigen wir dazu, unsere Aufmerksamkeit auf alles zu richten, was schlecht läuft. Dabei übersehen wir schnell die Dinge, die wunderbar funktionieren. Sie müssen Ihre Aufmerksamkeit auf Letzteres richten. Dies gelingt Ihnen sehr gut, indem Sie Ihre Partnerin für die Dinge loben, die sie wirklich gut macht. Dies zwingt Sie in einen Denkprozess, bei dem Ihr Verstand gezielt nach guten Erfahrungen sucht. Wenn Sie und Ihre Partnerin sich gegenseitig bestärken, dann wird ihnen das viel Kraft geben und sie werden in schwierigen Situationen gelassener reagieren und besser damit fertig werden. Hierbei geht es nicht um falsche Komplimente oder „Honig ums Maul schmieren“, sondern um eine ehrliche und aufrichtige Anerkennung für etwas, wofür Sie Ihre Partnerin schätzen. Zu einer Beziehung gehören zwei, also muss auch Ihre Partnerin in den Prozess einbezogen werden.

Vielleicht fällt es ihnen beiden leicht, jeden Tag die Leistungen des anderen zu sehen und anzuerkennen. Wenn dem so ist, dann ist das großartig und sie sollten so weiter machen. Manchen Paaren fällt es dagegen schwieriger. Hier kann es helfen, sich bestimmte Termine in der Woche freizuhalten, bei denen die gegenseitige Wertschätzung im Vordergrund steht. Diese Zeit können sie dann nutzen, um folgende Übung durchzuführen:

1. **Jeder von ihnen beiden nimmt 2 Blätter Papier zur Hand**
2. **Das eine Blatt bekommt die Überschrift „Partner“ oder „Partnerin“ und bei dem zweiten Blatt steht als Überschrift „Vater“ oder „Mutter“**
3. **Nehmen Sie jetzt das erste Blatt zur Hand und schreiben Sie alles auf, was Sie an Ihrer Partnerin lieben und was Sie wertschätzen. Ihre Partnerin macht genau dasselbe über Sie**
4. **Anschließend wiederholen Sie diesen Vorgang mit dem zweiten Blatt und schreiben alles auf, was Sie an Ihrer Partnerin in ihrer Rolle als Mutter gut finden. Ihre Partnerin macht dies entsprechend über Sie als Vater**

Wenn Sie dabei sind, Ihren Zettel zu füllen, dann treffen Sie ruhig mal Entscheidungen aus dem Bauch heraus. Das Ganze soll einem Brainstorming ähneln, bei dem Sie die positiven Aspekte notieren, ohne sie groß zu analysieren und zu hinterfragen. Auf diese Weise sollen auch Kleinigkeiten aufgeschrieben werden, die vermeidlich unwichtig sind. Es ist jedoch so, dass manche Dinge, die für uns klein erscheinen, für andere Menschen eine große Bedeutung haben. Es bedeutet viel, wenn diese Dinge einmal laut ausgesprochen und wahrgenommen werden. Sie beide lernen sich so noch besser kennen und vielleicht erfahren sie etwas von dem anderen, was sie vorher nicht wussten. Solche Erfahrungen und solch eine Offenheit zueinander stärkt ihre Beziehung und sorgt letzten Endes für einen harmonischeren Familienalltag.

Gerechte Aufteilung von Zeit und Aufgaben

Wie Sie bereits wissen, führt ein Ungleichgewicht bei der Aufgabenverteilung zu Unzufriedenheit und Neid bei einem Partner. Wenn Sie sich beispielsweise immer nur mit Freunden treffen, Ihren Hobbys nachgehen und Ihren Beruf ausüben, dann kann das bei Ihrer Partnerin Frust und Ärger auslösen. Insbesondere dann, wenn sie durch die Kindererziehung stark in Anspruch genommen wird und sich ebenfalls nach etwas Freizeit sehnt. Wenn Paare noch keine Kinder haben, dann zeigt sich heute, dass die Aufgaben im Haushalt in der Regel gleichmäßig verteilt sind. Nach der Geburt ändert sich das bei den meisten Eltern. Oft pendelt sich hier, in der Regel unbewusst, die klassische Rollenverteilung ein. Die Mutter übernimmt den Haushalt und den Großteil der Kindererziehung, während der Vater zur Arbeit geht und das Geld für die Familie verdient. Es gibt mehrere Gründe, warum wir dieses Phänomen immer wieder erleben. In Deutschland herrscht immer noch ein sehr ungleiches Lohnniveau zwischen Mann und Frau, bei dem die Männer besser abschneiden. Das macht es für Paare natürlich attraktiver, wenn der Mann weiterhin zur Arbeit geht. Darüber hinaus ist die klassische Rollenverteilung auch bei jungen Genrationen noch sehr tief verankert.

Es zeigt sich jedoch auch der Trend, dass in Deutschland immer mehr Väter Elternzeit und Elterngeld in Anspruch nehmen. Die Mentalität der klassischen Rollenverteilung befindet sich ganz klar im Wandel und auch die Akzeptanz von Vätern in Erziehungszeit nimmt von Jahr zu Jahr zu. Nutzen Sie die Chancen, die der Staat Ihnen mithilfe der Elternzeit und dem Elterngeld bietet, um so das erste Jahr Ihres Kindes gemeinsam voll auskosten zu können. Daher gehen Sie dieses Thema mit Ihrer Partnerin an und entwickeln

Sie Zeit- und Aufgabenpläne, bei denen alle zufrieden sind und sie als Paar noch Zeit für Zweisamkeit finden. Wie so ein Plan konkret aussieht, lässt sich nicht pauschal darstellen, da jede Lebenssituation anders ist und anderen Bedingungen unterliegt. Es macht beispielsweise schon einen großen Unterschied, ob Sie feste Arbeitszeiten von 9 bis 17 Uhr haben oder ob Sie in Schichtarbeit tätig sind. Daher klären sie genau ab, wie sie die Planung für ihre spezielle Situation regeln können. Denken Sie daran, dass der ein oder andere Verzicht nach der Geburt selbstverständlich sein soll. Überlegen Sie also auch, worauf Sie verzichten können, um mehr Zeit frei zu schaufeln und worauf eher nicht.

Darüber hinaus können Sie Ihre Rahmenbedingungen in einem bestimmten Maße beeinflussen und so leichter Zeit gewinnen:

- Finden Sie Eltern, deren Kinder etwa im selben Alter sind wie Ihre eigenen. So können sie dann abwechselnd auf die Kinder aufpassen
- Neben Ihnen und Ihrer Partnerin, sollten Sie Ihr Kind an weitere Bezugspersonen Ihres Vertrauens gewöhnen. Diese Bezugsperson kann dann gelegentlich einspringen, wenn sie mal Zeit als Paar benötigen
- Vereinbaren sie mindestens einen festen Termin pro Woche, der nur ihnen als Paar gehört. An diesem Tag stehen alle anderen Erledigungen außen vor und sie konzentrieren sich nur auf sich selbst und machen etwas, das ihnen beiden gefällt
- „Man braucht ein ganzes Dorf, um ein Kind großzuziehen." – Hinter diesem afrikanischen Sprichwort steckt viel Wahres. Überlegen Sie sich am besten schon vor der Geburt, welche Personen Sie kennen, die in der Nähe wohnen und Sie unterstützen können. Oma, Opa, Freunde oder Verwandte können wertvolle Menschen bei der Kindererziehung sein. Sie können Zeiten des Aufpassens übernehmen oder Ihnen bei anderen Aufgaben des Alltags helfen

Sex nach der Geburt

Während der Schwangerschaft und nach der Geburt verändert sich das Sexualleben vieler Paare deutlich. So wie die Beziehung an sich hinten ansteht, so leidet auch die Sexualität unter Ihrer neuen Lebenssituation. Dies betrifft Männer genauso wie Frauen. Die fehlende Sexualität kann in einer Beziehung zu starken Frust führen und das Familienleben belasten. In diesem Kapitel schauen wir uns die Ursachen an, die für die mangelnde Lust verantwortlich sind. Anschließend zeigen wir Ihnen, wie Sie es schaffen können, auch mit Baby ein erfülltes Sexualleben zu führen.

Deshalb haben Sie nach der Geburt weniger Sex

Körperliche Erholung der Mutter

Während Schwangerschaft und Geburt vollbringt der Körper der Mutter wahre Höchstleistungen. Es kommt zu mehreren körperlichen Umstellungen, um alles für die Geburt Ihres Kindes optimal vorzubereiten. Daher ist es nicht verwunderlich, dass es nach der Geburt Zeit braucht, um Wunden zu heilen und wieder in den Normalzustand zu gelangen. Diese Veränderungen des Körpers sorgen bei vielen Frauen schon während der Schwangerschaft für Unsicherheit in Bezug auf den eigenen Körper und bremsen das Sexleben aus. Nach der Geburt können weitere Verletzungen hinzukommen wie beispielsweise ein Dammriss oder die Durchführung eines Kaiserschnitts. Weil der Intimbereich also noch sehr angeschlagen und empfindlich ist, haben viele Frauen Angst davor, nach der Geburt intim zu werden. Ein weiterer Lustkiller ist der Wochenfluss. Das ist eine Mischung aus Blut und Schleim, welche aus der Wunde der Gebärmutter austritt. Diese Wunde entstand, als sich die Plazenta abgelöst hat. Wenn Ihre Partnerin die erste Zeit nach der Geburt nur wenig Lust verspürt, dann ist das vollkommen normal. Stattdessen stehen jetzt Kuscheleinheiten, Liebe und Zärtlichkeit im Vordergrund. Wenn sie sich dann irgendwann dazu entscheiden wieder Sex zu haben, dann sollten sie in den ersten Wochen nach der Geburt penibel auf ihre Körperhygiene achten. Denn durch das Eindringen kann es zu Infektionen an den offenen Wunden kommen. Um das Infektionsrisiko zu verringern, sollten Sie zudem ein Kondom benutzen. Außerdem kann Ihre Partnerin kurz nach der Geburt wieder schwanger werden, weshalb Sie ohnehin verhüten sollten, wenn Sie kein weiteres Baby planen.

Viele Frauen brauchen jedoch etwas mehr Zeit, bevor sie wieder an Sex denken können. Denn neben den körperlichen Verletzungen ist das Selbstvertrauen in Bezug auf den Körper angeschlagen. Es wird Monate dauern, bis dieser sich vollständig erholt und seine ursprüngliche Form angenommen hat. Bis dahin bleiben die Spuren der Schwangerschaft stellenweise sichtbar und die Frauen fühlen sich oft unattraktiv. Durch diese Unsicherheit haben sie Angst vor Kritik und negativen Äußerungen anderer Menschen. Dies gilt auch für Sie, da Ihre Partnerin Angst haben könnte, dass Sie sie nicht mehr attraktiv genug finden. Diese scharfe Selbstkritik von Frauen trifft nur in den seltensten Fällen zu, da wir Männer diese kleinen, scheinbaren Makel entweder nicht schlimm finden, sie sogar mögen oder überhaupt gar nicht wahrnehmen. Daher reden Sie Ihrer Partnerin gut zu und widerlegen Sie ihre Annahmen. Sagen Sie Ihr ruhig öfter mal, wie schön Sie sie finden, gerade nach der Schwangerschaft in ihrer Rolle als Mutter und Frau. Werden Sie kreativ und überraschen Sie sie spontan mit Blumen oder anderen kleinen Gesten oder Geschenken, welche Ihrer Partnerin immer wieder sagen: Du bist eine tolle, wunderschöne Frau und ich liebe dich. Durch die kontinuierliche Wiederholung solcher Zuwendungen, wird Ihre Partnerin immer wieder daran erinnert, wie viel sie Ihnen bedeutet und sie wird dauerhaft besser mit den körperlichen und seelischen Umstellungen fertig werden.

Seelische Belastung

Nicht jedes Paar erlebt die Schwangerschaft und Geburt als eine rein positive Erfahrung. So kann die Nachricht über die Schwangerschaft auch grundlegende Ängste offenlegen, welche zu sehr viel Stress und psychischer Belastung führen. Wenn Ihre Finanzen beispielsweise sehr knapp ausfallen, dann kommt es schnell zu Existenzängsten oder dem Gefühl des Versagens, da man sich nicht in der Lage sieht, sein Kind optimal zu ernähren und großzuziehen. Solch ein psychischer Stress wirkt sich unmittelbar auf unsere Lust aus und kann der Beziehung schaden. Manche Männer überschätzen sich bei der Geburt und sehen hin, wenn das Baby geboren wird und die Plazenta austritt. Auch das kann einen bleibenden Eindruck hinterlassen und dafür sorgen, dass Männer starke Hemmungen verspüren und die Lust auf Sex vergeht. Daher bereiten Sie sich vorher schon auf die Geburt vor und klären Sie mit Ihrer Partnerin genau ab, was Sie sehen wollen, was Sie sich zu trauen und wie Sie Ihre Partnerin dabei bestmöglich unterstützen können.

Darüber hinaus sollten Sie wissen, dass Ihre Partnerin nach der Geburt unter Wochenbettdepressionen leiden kann. Dabei handelt es sich um eine depressive Grundstimmung der Frau, welche unter anderem durch die Hormonumstellungen und die äußeren Rahmenbedingungen verursacht werden kann. Rund 10% der Mütter in Deutschland erleben solche Depressionen nach der Geburt. Was deutlich häufiger auftritt, nämlich bei rund 25% der Mütter, ist der sogenannte Babyblues. Dieser tritt sehr früh nach der Geburt auf und ist bei den meisten Betroffenen zwischen dem zweiten und dem sechsten Tag ab Geburt zu sehen. Die Mutter ist in dieser Zeit sehr weinerlich und oft gereizt. Ihre Gefühle sind nicht stabil und wechseln gern hin und her. Viele Mütter fühlen sich zudem sehr erschöpft und finden nur schwer in den Schlaf. Neben Babyblues und Wochenbettdepression existiert noch die Wochenbettpsychose, welche sich noch massiver in einem depressiven Verhalten niederschlägt. Allerdings sind in Deutschland gerade einmal 0,2% der Mütter betroffen. Unter einer Wochenbettpsychose erkranken in der Regel Frauen, die schon vor der Schwangerschaft unter einer manisch-depressiven Störung litten.

Schlafentzug und Überanstrengung

Wer vollkommen übermüdet ist, der hat auch wenig Lust auf Sex. Insbesondere wenn sie beide einen Moment erwischt haben, an dem die Lust bei ihnen da ist und plötzlich wacht ihr Kind auf und fordert ihre Aufmerksamkeit. Je nachdem, wie die anderen Umstände in Ihrem Leben sind, kann Erschöpfung und Schlaflosigkeit zum Dauerzustand werden. Etwa wenn Sie besonders früh zur Arbeit raus müssen oder wegen des Babys ein Umzug ansteht. Das ist jedoch ein natürlicher Prozess, den Paare meistern müssen. Sie müssen wissen: Diese Zeit geht wieder vorbei und irgendwann werden Sie und Ihre Partnerin wieder mehr Zeit und Energie haben, um sich voll und ganz aufeinander einzulassen. Bis dahin müssen sie als Team arbeiten, sich gegenseitig unterstützen, Zeit- und Aufgabenpläne gestalten und Hilfe von Verwandten und Freunden annehmen. Schaffen sie sich so viele Momente der Ruhe und Entspannung, wie sie nur können, umso ihre Energiereserven immer wieder aufzufüllen und im Alltag zu funktionieren.

Bringen sie ihre Sexualität wieder in Fahrt

Am Anfang der Lösung steht, wie so oft, das Gespräch. Uns ist bewusst, dass das miteinander Reden an sehr vielen Stellen dieses Buches erwähnt wird, und das ist auch richtig so! Kommunikation ist ein entscheidender Schlüsselfaktor in zwischenmenschlichen Beziehungen, dazu zählen auch die Familie und die Partnerschaft. Dinge, die niemals ausgesprochen werden, stauen sich an und erzeugen Emotionen wie Frust, Ärger und Wut. Wenn sich diese Emotionen lang genug anstauen, dann müssen sie sich irgendwann entladen. In einer Beziehung sorgt das für starke Spannungen und Streitereien, welche letzten Endes das Ende dieser Beziehung bedeuten können. Deshalb ist es so wichtig, seine Gedanken in regelmäßigen Abständen auszutauschen und alle Dinge auf den Tisch zu legen, die einen beschäftigen.

Das gilt auch für sexuelle Wünsche und Anregungen. Wenn sie zu wenig Sex miteinander haben, dann klären sie in einem ersten Schritt ab, wie viel Sex sie sich gerne wünschen. Wenn sie mal etwas Neues ausprobieren möchten, dann trauen sie sich das laut auszusprechen. Auf diese Weise können sie darüber sprechen und gemeinsam schauen, welche ihrer Vorstellungen sie realisieren möchten und welche weniger in Frage kommen. Wichtig ist, sich vorab nicht zu beschränken in der Befürchtung, dass der Andere damit nicht einverstanden sein kann. Es schadet nicht, erst einmal alles zu äußern, schließlich müssen sie im Nachhinein nicht auf alles eingehen. Achten sie auf ihre Grenzen und respektieren sie sie. Somit vermitteln sie sich gegenseitig Sicherheit und es fällt ihnen leichter, die Dinge mit Freuden auszuprobieren.

Als Vater die Initiative ergreifen

Bei der Pflege Ihrer Partnerschaft und Ihres Sexuallebens, sollten Sie als Vater die Führung übernehmen. Denn es hat sich überwiegend gezeigt, dass Frauen, durch die innige Mutter-Kind-Verbindung, ihre Partner oft nur noch als Vater ihres Kindes und nicht mehr als Liebespartner ansehen. Daher macht es Sinn, wenn Sie die Hauptverantwortung für die Beziehungspflege in die Hand nehmen. Investieren Sie einen Teil Ihrer Energie und machen Sie sich aktiv Gedanken darüber, wie Sie die Lust aufeinander aufrechterhalten. Möglicherweise hatten sie beide vor der Schwangerschaft Rituale, wie das Anzünden einer Kerze oder das Auflegen einer bestimmten Musik, bevor sie intim wurden. Wenn dem so ist, dann führen Sie das wieder ein und überraschen Sie Ihre Partnerin damit. Machen Sie sich Gedanken darüber, welche anderen Dinge für eine angenehme Stimmung sorgen könnten. Jede Frau hat ihre eigenen Vorlieben und Sie kennen Ihre Partnerin am besten. Im Idealfall überlegen Sie sich etwas, was ganz individuell zu ihren Wünschen und Bedürfnissen passt. Ausschlaggebend ist hierbei, dass Sie die Zügel in der Hand halten und sich voll verantwortlich für Ihr Liebesleben fühlen. Dieses Verantwortungsbewusstsein wird Sie antreiben und vielleicht für den ein oder anderen guten Einfall sorgen. Sie können auch ganz direkt auf Ihre Partnerin zugehen und sie fragen, ob sie eigene Vorschläge hat, auf die Sie möglicherweise nicht gekommen wären.

In den folgenden Zeilen erhalten Sie ein paar Anregungen für ihre gemeinsame Sexualität:

- Bei allem was sie sich vornehmen, sollte nichts erzwungen oder eingefordert werden. Setzen sie klare Regeln die besagen, dass jeder von ihnen beiden auch jederzeit aufhören kann
- Um die Sexualität zu fördern, muss man nicht immer Sex haben. Sie können auch zärtlichen Körperkontakt aufbauen und so für gegenseitige Entspannung sorgen, beispielsweise durch Massagen oder durch sanftes Gleiten mit den Fingerspitzen über die Haut des Anderen
- Im Laufe einer Beziehung fahren sich meistens bestimmte Muster fest, auch beim Sex. Wenn sie sich trauen neue Dinge auszuprobieren und die Reise ins Unbekannte wagen, dann kann dies zu neuen, wunderbaren Erfahrungen führen, die ihre Beziehung stärken können
- Wenn ihnen mal etwas nicht gefällt, dann sprechen sie es ruhig direkt aus, aber klagen sie den Anderen nicht an. Sagen sie auf liebevolle Weise, was ihnen nicht gefällt und wie sie es lieber hätten
- Überstürzen sie nichts. Sie sind gerade mit dem Baby in eine neue Lebenssituation gerutscht und es braucht etwas Zeit, um sich neu zu orientieren und sich auch körperlich wieder zu nähern. Setzen sie sich nicht gegenseitig unter Druck und nehmen sie sich alle Zeit, die sie brauchen
- Nutzen sie gelegentlich die fest eingeplanten Termine für ihre Zweisamkeit, um nicht nur wichtige Angelegenheiten zu besprechen, sondern sich auch sexuell näher zu kommen

- Denken sie immer daran: Eine Beziehung ist nicht nur Sex. Auch wenn die Sexualität im Moment leidet, haben sie in ihrer Partnerschaft noch viele weitere Ressourcen, aus denen sie schöpfen können
- Wenn es ihnen unangenehm ist Sex zu haben während das Baby im Haus ist, dann gönnen sie sich mal ein Hotelzimmer und organisieren einen Babysitter. Die neue Umgebung kann zudem für mehr sexuelle Aufregung und Spannung sorgen
- Sie können Hilfe von außen in Anspruch nehmen. Experten beraten sie dann über die Vielfalt an Möglichkeiten, die ihnen als Paar bereitstehen, um ihr Liebesleben wieder aufblühen zu lassen (Zum Beispiel auf der Seite www.bewusster-lieben.de)

In besonders krisenreichen Beziehungen, bei denen Sie es nicht mehr schaffen die Situation allein zu klären, macht es Sinn sich professionelle Hilfe zu suchen. Es gibt in Deutschland mittlerweile bundesweit qualifizierte Beratungsstellen, an die sie sich als Paar oder aber alleine wenden können. Die Dienstleistungen umfassen sämtliche Themenschwerpunkte wie Erziehungsberatung, Sexualberatung und Beziehungsberatung. Zwei empfehlenswerte Websites sind hier www.profamilia.de und www.Familienplanung.de.

Getrennte Wege und Kindererziehung

Natürlich kann es auch vorkommen, dass Sie aus verschiedenen Gründen nicht mit der Mutter Ihres Kindes zusammenleben wollen oder können. Dies ist etwa dann der Fall, wenn Sie unerwartet Vater geworden sind und keine Beziehung zur Mutter hatten. Genauso kann es dazu kommen, dass Sie im Laufe Ihrer Beziehung feststellen, dass es besser ist in Zukunft getrennte Wege zu gehen. Auch bei so einer Situation haben Sie die Wahl, sich im Rahmen Ihrer Möglichkeiten zu bewegen und sich bestmöglich einzubringen. Wie Sie das am besten machen und wie Sie zielführende Lösungen für sich entwickeln können, erfahren Sie in diesem Kapitel.

Wenn Sie ungeplant Papa werden

Wenn Sie vor einer ungeplanten Schwangerschaft stehen, dann wird Sie die Nachricht wahrscheinlich ziemlich durcheinander gebracht haben. Dies gilt insbesondere dann, wenn Sie keine Beziehung zur Mutter haben oder nicht planen, lange mit ihr zusammen zu bleiben. Viele Männer kommen psychisch an ihre Grenzen, wenn Sie erfahren, dass sie bald Papa werden, ohne dies gewollt zu haben. Die Entscheidung über einen Abbruch der Schwangerschaft trifft allein die Frau und Sie als Mann müssen diese Entscheidung hinnehmen. Die Situation einer ungeplanten Schwangerschaft wird auch als Schwangerschaftskonflikt bezeichnet. Entsprechend existieren Schwangerschaftskonflikt-Beratungsstellen. Für Männer steht bei der Beratung die Frage im Vordergrund, wie sie am besten damit zurechtkommen, dass sie auf den weiteren Schwangerschaftsverlauf (auch die Frage: Abtreibung oder nicht?) keinen Einfluss nehmen dürfen. Immerhin wird sich auch ihr Leben massiv verändern. Je mehr einem das klar wird, desto eher zeigt sich bei Männern ein Gefühl der Verzweiflung und des Kontrollverlusts. Nicht selten führen diese starken, negativen Emotionen zu einem aggressiven und manchmal auch gewalttätigem Verhalten gegenüber der Frau. Sowas sollten Sie in jedem Fall vermeiden, da solche Aktionen oft rechtliche Konsequenzen nach sich ziehen. Wenn Sie sich später dazu entscheiden, Ihre Rolle als Vater doch wahrzunehmen, dann haben Sie sich zudem selbst Steine in den Weg gelegt. Wenn es nicht anders geht, dann halten Sie erstmal Abstand zur Mutter. Sie sollten nur Kontakt aufnehmen, wenn Sie in der Lage sind sich konstruktiv auszutauschen. Das gilt auch für impulsive Text- oder Sprachnachrichten. Dafür müssen Ihre Gedanken und Gefühle erstmal zur Ruhe kommen und das braucht Zeit. Diese Zeit müssen Sie sich nehmen, um alles erstmal sacken zu lassen und Ihre Gedanken mit anderen Menschen zu teilen. Auch wenn Freunde oder Verwandte Ihnen nicht immer den besten Rat geben können, so hilft es schon sehr viel, wenn Sie sich einfach aussprechen, anstatt mit Ihren Gedanken für sich zu bleiben.

Wenn sich die Mutter entscheidet das Kind zu behalten, dann wird es Zeit für Sie Verantwortung zu übernehmen. Dabei sollten Sie sich zu folgenden Punkten Gedanken machen:

- Sie sind für die Schwangerschaft ebenso verantwortlich wie die Frau und das müssen Sie sich bewusst machen. Dies ist die Verantwortung und das Risiko, welches Sie automatisch tragen, wenn Sie Sex haben. Auch bei Verhütungen kommt es immer wieder zu Missgeschicken. Wenn Sie aufhören, sich mit der Mutter des Kindes zu streiten und sich gegenseitig zu beschuldigen und stattdessen dazu stehen und Verantwortung übernehmen, dann erhalten Sie wieder ein Stück weit die Kontrolle und sind sicherer und handlungsfähiger

- Wollen Sie einen Vaterschaftstest durchführen lassen, um ganz sicher zu gehen, dass es Ihr Kind ist? Wenn Sie unsicher sind dann raten wir Ihnen dazu. Erst wenn Sie absolute Gewissheit haben, können Sie weitere Entscheidungen in Bezug auf das Kind gewissenhaft treffen
- Wenn Sie sich sicher sind und die Vaterschaft anerkennen, dann müssen Sie sich entscheiden, in welchem Rahmen Sie zu Ihrer Verantwortung stehen wollen. Möchten Sie lediglich für die Unterhaltszahlungen aufkommen, damit Ihr Kind versorgt ist? Möchten Sie möglichst viel von der Schwangerschaft und der Geburt mitbekommen? Möchten Sie sich nach der Geburt aktiv bei der Betreuung und Erziehung des Kindes beteiligen?

Nachdem Sie wissen, wie Ihr Umgang mit der Schwangerschaft und der Erziehung des Kindes aussehen soll, ist es wichtig, dies der Mutter zu kommunizieren und Absprachen zu treffen. Sagen Sie ganz deutlich aber nicht fordernd, dass Sie weiterhin Kontakt wollen und wie Sie sich das vorstellen. Im Idealfall sprechen sie beide sich dann aus und entwickeln einen Fahrplan für die Zukunft. Wenn die Mutter sich quer stellt und nicht mit Ihnen reden möchte, dann ziehen Sie sich erstmal zurück und bleiben Sie sachlich. Fragen Sie nach, wann ein besserer Zeitpunkt für ein Gespräch wäre und vereinbaren Sie einen Termin. Seien Sie sich dabei immer bewusst, dass es auch Ihr Kind ist und Sie durchaus Ihre Ansprüche stellen dürfen und sollen.

Trennung von der Partnerin

Kommt es zu einer Trennung während der Schwangerschaft oder nach der Geburt, dann müssen Sie sich darauf konzentrieren, einen möglichst regelmäßigen Kontakt zum Kind aufrechtzuerhalten. Um an der Entwicklung des Kindes beteiligt zu sein, müssen Sie wissen, wie der aktuelle Entwicklungsstand ist, welches Verhalten Ihr Kind gerade zeigt, welche Vorlieben es hat und was mag es eher nicht. Um diesen kontinuierliche Kontakt sicherzustellen, müssen Sie mit der Mutter ein Modell wählen, mit dem sie beide einverstanden sind. Das bekannte Wochenend-Modell, bei dem der Vater die Kinder nur an den Wochenenden bekommt, ist längst veraltet. Sie haben heute eine Vielzahl an Möglichkeiten, Ihr Betreuungsmodell zu gestalten. Wenn sie als Eltern hier eine für sich gute Lösung finden, dann ist dies auch eine gute Lösung für Ihr Kind. Dabei sollten Sie jegliche seelische Belastung durch die Trennung außen vor halten und auf keinen Fall mit Ihren Kindern teilen.

Vereinbaren Sie feste Termine, bei denen Sie sich um die Kinder kümmern. Mit der Zeit werden Ihre Kinder wachsen und deren Bedürfnisse und Ansprüche verändern sich. Auch Sie werden sich mit den Jahren wahrscheinlich verändern und daher ist ein einstmals entwickeltes Betreuungsmodell nicht in Stein gemeißelt. Ganz im Gegenteil, sollten Sie es in Absprache mit der Mutter immer weiterentwickeln und an die neuen Umstände des Lebens anpassen. Das Jugendamt und die zuständigen Beratungseinrichtungen können Sie dabei unterstützen und durch deren Fachkenntnisse und Erfahrungen effektive Lösungen mit Ihnen entwickeln. Wenn alles nichts hilft, dann können Sie als letzte Option den Rechtsweg wählen und einen Anwalt einschalten. Anschließend wird ein Familiengericht zum Wohle des Kindes eine Entscheidung treffen. Als Vater müssen Sie genaue Ausführungen dazu machen, wo die Vorteile des Kindes liegen, wenn Sie an der Erziehung und Betreuung beteiligt sind. Das Kindswohl steht hier ganz klar im Fokus, also müssen Sie sich auch entsprechend Gedanken machen:

- Was kann ich meinem Kind bieten?
- Was kann mein Kind von mir lernen?
- Was hat mein Kind davon, weiterhin zu mir eine Beziehung zu pflegen?
- Welche guten Werte und Glaubenssätze kann ich meinem Kind mitgeben?

Worauf Sie verzichten sollten sind stumpfe Forderungen und Ansprüche die Sie stellen, nur weil Sie als Vater beispielsweise meinen, eine Art Grundrecht auf Ihr Kind zu haben. Grundsätzlich gilt: Versuchen Sie nach Möglichkeit alle Angelegenheiten mit der Mutter im offenen Gespräch zu klären, bevor Sie das Familiengericht nutzen. Wenn Sie es schaffen einen kontinuierlichen Dialog aufrechtzuerhalten, dann werden Sie auch sehr gute Lösungen finden, welche letzten Endes nicht nur für sie beide, sondern auch für Ihr Kind ein angenehmeres Leben schafft. Dazu zählt auch, dass man gelegentlich Kompromisse eingehen muss, anstatt ständig zu versuchen seinen Willen durchzusetzen.

Die Geburt des Kindes trotz getrennter Wege gestalten

Die Geburt Ihres Kindes ist ein prägendes Erlebnis, welches Sie mit der Mutter teilen können. Vorausgesetzt, sie ist auch damit einverstanden. Bei einer Trennung kann der Umgang miteinander ganz unterschiedlich ausfallen. Meistens sind es aber negative Gefühle und Äußerungen, welche dem Anderen entgegengebracht werden. Wenn das bei Ihnen der Fall ist und die Mutter nicht möchte, dass Sie bei der Geburt anwesend sind, dann sollten Sie diese Entscheidung akzeptieren und sie hinnehmen. Denn die Mutter muss sich bei der Geburt möglichst entspannt und wohl fühlen, um einen guten Geburtsverlauf zu erleben und Verletzungen zu vermeiden. Dies steht hier an erster Stelle. Wenn Ihre Anwesenheit ihr Unbehagen bereitet, dann müssen Sie sich zurückhalten.

Klären Sie stattdessen einen frühestmöglichen Termin mit der Mutter ab, an dem Sie Ihr Kind das erste Mal sehen können. Idealerweise schon am Ort der Geburt. Sie sollten abklären, wie Ihr Erstkontakt mit dem Baby aussehen soll und wie Sie sich diesen vorstellen. Vielleicht erlaubt es Ihnen die Mutter auch, dass sie ein paar Minuten nur zu zweit verbringen. Auf jeden Fall müssen Sie sich an ihre Anweisungen halten und sie respektieren. Klären Sie auch im Vorfeld ab, wann die Termine für die Folgebesuche möglich sind und wie lange diese gehen sollen. Dadurch geht die Mutter eine gewisse

Verpflichtung ein und es ist wahrscheinlicher, dass die Termine auch tatsächlich stattfinden und nicht in letzter Minute abgesagt werden.

Rechtliche Angelegenheiten und Behördengänge

Wenn Sie und Ihre Partnerin getrennte Wege gehen, dann müssen Sie ein paar Behördengänge auf sich nehmen und Regelungen bezüglich Ihres Kindes vereinbaren. An dieser Stelle geben wir eine Übersicht über die Dinge, um die Sie sich noch kümmern müssen.

Vaterschaftsanerkennung und Vaterschaftstest

Die Vaterschaftsanerkennung können Sie beim Standesamt oder Jugendamt beantragen. Sie müssen zusammen mit der schwangeren Frau vor Ort sein und die Vaterschaft gemeinsam erklären. Sollten Sie sich nicht sicher sein, ob Sie der Vater des Kindes sind, dann warten Sie damit bis nach der Geburt. Anschließend lassen Sie einen Vaterschaftstest durchführen. Dazu gibt es zahlreiche Institute, welche ihre Leistungen im Internet anbieten. In der Regel ist eine Speichelprobe für die Untersuchung notwendig. Sollte die Mutter etwas dagegen haben, dann ist Ihre erste Anlaufstelle das Jugendamt. Hier schildern Sie Ihre Situation und erhalten anschließend von den Fachkräften weitere Anweisungen. Als letztes Mittel steht Ihnen der Rechtsweg zur Verfügung. Dabei kann der Vaterschaftstest vom Familiengericht angeordnet werden. Den Antrag für einen Vaterschaftstest sollten Sie frühzeitig einreichen. Denn wenn Sie Ihre Rechte in Bezug auf Ihr Kind durchsetzen wollen, dann ist es essenziell, dass Ihre rechtliche Stellung als Vater offiziell feststeht.

Gemeinsames Sorgerecht

Wenn Sie gemeinsame Sorge erklären wollen, dann wird die Anerkennung der Vaterschaft vorausgesetzt. Das Sorgerecht beschreibt ihre Pflicht und die damit einhergehende Verantwortung als Eltern, die Entwicklung ihres Kindes hin zu einem selbstständigen und eigenverantwortlichen Menschen sicherzustellen, welcher in unserer Gesellschaft und mit seinen Mitmenschen gut zurechtkommt. Männer, die nicht mit der Mutter Ihres Kindes verheiratet sind, haben mit der Geburt zunächst kein Sorgerecht, dies steht nur der Mutter zu. Hier müssen Sie die gemeinsame Sorge beim Jugendamt erklären. Bei verheirateten Männern tritt das Sorgerecht mit der Geburt in Kraft. Wenn die Mutter die gemeinsame Sorge nicht möchte, dann können Sie sie beim Familiengericht beantragen. Hier wird davon ausgegangen, dass die gemeinsame elterliche Sorge das Beste für das Kind ist. Die Mutter muss also konkrete Gründe für ihren Widerspruch vorlegen. Wenn Sie hier klar und deutlich argumentieren können, warum die Beziehung zu Ihnen als Vater gut für Ihr Kind ist und Sie auf der Sachebene bleiben, anstatt sich konfliktbereit zu zeigen, dann haben Sie sehr gute Chancen auf die gemeinsame Sorge. Daher ist es so wichtig, sich rechtzeitig mit solchen Fragen zu beschäftigen und genau zu wissen, was Sie möchten und was Sie zu bieten haben.

Eine Strategie, die in der Vergangenheit gut funktioniert hat, ist die Festlegung von einem Jahr des Vertrauensaufbaus. Anstatt direkt vor Gericht zu gehen, beschließen Sie mit der Mutter eine Zeitspanne von einem Jahr, indem sie beide schauen, wie sich die Situation entwickelt, wenn beide an der Erziehung beteiligt sind. Sie können auf diese Weise zeigen, dass Sie es ernst meinen und wirklich für das Kind präsent sein wollen. Sie verfolgen damit keine anderen Absichten, wie beispielsweise das Entziehen des Kindes von der Mutter oder den Versuch des „Zurückeroberns" der Mutter. Dies sind typische Annahmen von getrennten Eltern, wenn es um das gemeinsame Sorgerecht geht. Wenn diese Strategie funktioniert, dann teilen sie sich die gemeinsame Sorge ohne Gerichtsverfahren. Wenn nicht, dann haben Sie durch Ihr Verhalten eine gute Stellung beim Familiengericht, welches ein derart konstruktives und entgegenkommendes Vorgehen anerkennt.

Umgangsrecht

Das Umgangsrecht beschreibt Ihr Recht als Elternteil, auch wenn kein Sorgerecht vorliegt, mit Ihrem Kind Zeit zu verbringen und etwas zu unternehmen. Man kann auch sagen: Ihr Recht auf Umgang mit Ihrem Kind. Wie dieser Umgang aussieht, können Sie selbst entscheiden. Er muss allerdings dem Alter des Kindes und der aktuellen Lebenssituation entsprechen, sowie Arbeitszeiten und Schulzeiten berücksichtigen. Sie können sich beim Jugendamt zum Umgangsrecht beraten lassen und versuchen mit der Mutter zu einer Einigung zu kommen. Auch hier ist die Entscheidung ausschließlich vom Kindswohl abhängig. Wenn es beim Jugendamt scheitert, dann wäre der nächste Schritt erneut das Familiengericht.

Sie müssen einen Plan für sich entwickeln, wie Sie sich die Zeit mit Ihrem Kind vorstellen, was Ihnen dabei wichtig ist, was Sie gerne unternehmen wollen, was dem Kind guttun würde usw. Anschließend besprechen Sie alles mit der Mutter und klären, ob Sie Ihre Vorstellungen verwirklichen können. Auch hier herrscht Konfliktpotenzial. Gehen Sie in den Dialog und versuchen Sie eine Lösung zu finden, mit der alle gut leben können. Denn als engagierter Vater ist diese Zeit für Sie sehr wichtig. Es ist mehr als nur ein „Umgang" mit Ihrem Kind. Es ist wertvolle Lebenszeit, in der Sie mit Ihrem Kind spielen, mit ihm reden, es bei seiner Entwicklung beobachten und etwas von Ihnen weitergeben können.

Aufenthaltsbestimmungsrecht

Wenn Sie als Vater ein Sorgerecht haben, sei es durch die Geburt des Kindes während der Ehe oder durch eine Sorgerechtserklärung, dann müssen Sie im nächsten Schritt mit der Mutter entscheiden, wo Ihr Kind seinen Lebensmittelpunkt haben soll. Wenn bei Ihnen kein Sorgerecht vorliegt, dann entscheidet das nur die Mutter. Das kann dann zu Problemen führen, wenn ein Elternteil sehr weit wegziehen möchte. Haben nicht beide Elternteile das Aufenthaltsbestimmungsrecht (oder das gemeinsame Sorgerecht) inne, dann kann der Elternteil, der das Sorgerecht besitzt, umziehen ohne den anderen Elternteil überhaupt zu fragen. Wenn sie beide das Aufenthaltsbestimmungsrecht und damit das gemeinsame Sorgerecht besitzen, dann muss sich ein Elternteil zunächst die Genehmigung des anderen sichern. Dies führt sehr häufig zu Konflikten, welche durch das Familiengereicht geregelt werden müssen. Das ist nur allzu gut nachvollziehbar, da Ihnen durch einen solchen Umzug die Möglichkeit eines intensiven Beziehungsaufbaus zu Ihrem Kind deutlich erschwert wird. Auch hier steht bei jeder rechtlichen Entscheidung das Kindswohl im Vordergrund und nicht die Rechte der Eltern.

Kindesunterhalt

Der Elternteil, bei dem das Kind nicht dauerhaft lebt, ist zu Unterhaltszahlungen (Kindesunterhalt) verpflichtet. Wenn das Kind zu gleichen Teilen bei beiden Eltern lebt, werden keine Unterhalszahlungen fällig. Die Höhe des Unterhalts ist von verschiedenen Faktoren abhängig. Zum einen dient die sogenannte Düsseldorfer Tabelle als Orientierung. Hier wird der monatliche Unterhaltsbedarf gezeigt. Dieser Bedarf ist jedoch nicht die tatsächliche Zahlung, die zu leisten ist. Die Höhe der Zahlungen ist abhängig:

- Vom Einkommen
- Vom Alter der Kinder
- Von der Anzahl der Kinder
- Selbstbehalt des Unterhaltspflichtigen

Die Düsseldorfer Tabelle wird jedes Jahr zum ersten Januar aktualisiert. Daher informieren Sie sich über den aktuellen Stand um zu sehen, wie viel Unterhalt Sie ungefähr leisten müssen. Sie haben allerdings auch die Möglichkeit, im gegenseitigen Einvernehmen mit der Mutter, ein anderes Unterhaltskonzept zu vereinbaren. So können Sie die Höhe der Unterhaltszahlungen festlegen und darüber hinaus Vereinbarungen bezüglich Aktivitäten mit dem Kind treffen, welche auf den Unterhalt angerechnet werden. Das können zum Beispiel gemeinsame Einkäufe sein, bei denen Sie für Ihr Kind wichtige Anschaffungen besorgen wie Kleidung oder Schulsachen.

Betreuungsunterhalt

Der Betreuungsunterhalt ist eine zusätzliche Leistung zum Kindesunterhalt, auf den der betreuende Elternteil einen Anspruch hat. Durch diese

Zusatzzahlung soll sichergestellt werden, dass der betreuende Elternteil für das Kind und sich selbst einen angemessenen Lebensstandard sichern kann. Der unterhaltspflichtige Elternteil hat einen gewissen Selbstbehalt, also eine Summe an Geld, die ihm mindestens zur Verfügung stehen muss. Wenn nach der Zahlung des Kindesunterhalts diese Grenze noch nicht ausgeschöpft ist, dann kann der überwiegend betreuende Elternteil eine weitere Zahlung in Form des Betreuungsunterhalts einfordern. Es wird immer zuerst der Kindesunterhalt angerechnet und dann erst, wenn noch Geld übrig bleibt, der Betreuungsunterhalt. Dieser Unterhalt ist erstmal auf 3 Jahre nach der Geburt begrenzt und es kann vom betreuenden Elternteil in dieser Zeit nicht verlangt werden, einer Berufstätigkeit nachzugehen.

Eine Situation, die viele Männer schockiert, da sie befürchten finanziell für eine ganze Weile auf keinen grünen Zweig mehr zu kommen. Wenn Sie betroffen sind, dann sollten Sie sich kompetente Hilfe bei einem Anwalt für Familienrecht suchen. Dabei haben Sie die Möglichkeit, Vereinbarungen darüber zu treffen, ob und in welcher Höhe Betreuungsunterhalt eingefordert werden kann. Darüber hinaus verzichten viele Mütter auf den Unterhalt, sobald sie selbst wieder zur Arbeit gehen können. Um hier ein faires Gleichgewicht zu schaffen, können professionelle Mediationen helfen. Auf diese Weise haben die meisten Eltern eine gute Chance, ins Gespräch zu kommen, um sich so besser auf die Situation des Anderen einzulassen. Hier eine Entscheidung zu treffen, mit der jeder gut leben kann, ist ein fundamentaler Schritt hin zu einem Modell, bei dem sie als Eltern ihrem Kind die bestmöglichen Lebensumstände schaffen.

Familie und Beruf unter einen Hut bringen

Sie wissen bereits, dass die klassische Rollenverteilung innerhalb einer Familie aktuell im Wandel ist. Immer mehr Väter sehen sich nicht mehr ausschließlich in der Ernährer- und Beschützerrolle, sondern zudem als lebenslanger Begleiter für das Kind. Allerdings kommt es noch sehr häufig vor, dass Paare nach der Geburt des Kindes, meist unbewusst, in das klassische Rollenmuster fallen. Dies ist unter anderem den äußeren Rahmenbedingungen geschuldet. So verdienen Männer im Durschnitt für die gleiche Arbeit mehr Geld, als ihre Kolleginnen. Um das Haushaltseinkommen möglichst hoch zu halten, entscheiden sich viele Paare dafür, dass der Mann weiter zur Arbeit geht. Darüber hinaus gibt es auch praktische Gründe dafür, warum die Mutter oft zuhause bleibt, wie etwa das Stillen. Das führt dazu, dass Männer sich in einem Zwiespalt befinden. Zum einen sehen sie sich zu Beginn in der alleinigen Verantwortung, die Familie zu finanzieren und zu versorgen. Auf der anderen Seite wächst das Bedürfnis, mehr Zeit mit der Familie zu verbringen und mehr von der Entwicklung des Kindes mitzuerleben. Oft kommt der Vater erst spät von der Arbeit nachhause und sieht sein Kind nur kurz vorm Schlafengehen und an den Wochenenden. Darüber hinaus haben sowohl Männer als auch Frauen den Wunsch, beruflich aufzusteigen und eine erfolgreiche Karriere zu erleben. Während die Elternzeit für Frauen als ganz normal angesehen wird, haben Väter noch sehr häufig die Befürchtung, dass eine Elternzeit ein schlechtes Bild bei Vorgesetzten hinterlässt und sie in ihrer Karriere ausbremst. Daher finden sich Väter immer wieder in der Rolle des Ernährers wieder, obwohl sie das vielleicht gar nicht möchten. Darüber hinaus konnten wir in Deutschland bereits seit über einem Jahrzehnt (seit 2007) Erfahrungen mit Elternzeit und Elterngeld sammeln, dies gilt auch für Arbeitgeber.

Engagierte Väter als Bereicherung für das Unternehmen

Das Thema Elternzeit bei Vätern ist schon längst auch in deutschen Unternehmen angekommen. Immer mehr Firmen etablieren eine familienfreundliche Kultur und bieten für ihre Arbeitnehmer verschiedene Möglichkeiten an, um Familie und Beruf unter einen Hut zu bringen. Dazu zählen beispielsweise eine Kinderbetreuungsstätte in der Firma oder ein Geschenk zur Geburt des Kindes, welches man sich aus einem dafür extra zusammengestellten Katalog aussuchen kann. Dies betrifft aber bei weitem nicht alle Unternehmen. Informieren Sie sich, was bei Ihnen möglich ist. In den meisten Fällen werden Sie überrascht sein, wie sehr man Ihnen entgegen kommt und wie selbstverständlich der Ablauf der Elternzeit, von der Ankündigung bis zum Wiedereinstieg, verlaufen kann. Viele deutsche Unternehmen haben mittlerweile auch den Mehrwert von engagierten und zufriedenen Vätern erkannt, was den positiven Trend in Richtung mehr Väter in Elternzeit verstärkt. So konnte man bisher beobachten:

- Wenn das Unternehmen Vätern Rahmenbedingungen schafft, mit denen sie Familie und Beruf gut vereinen können, dann haben sie mehr Fokus bei ihrer Arbeit und liefern bessere Leistungen ab
- Diese Väter schätzen die Leistungen des Unternehmens für die Familie, sie sind diesem wohlgesonnen, seltener krankgeschrieben und besitzen eine größere Arbeitsmotivation
- Väter, die aktiv an der Kindererziehung beteiligt sind, entwickeln in kurzer Zeit ausgeprägte Soft Skills. Dazu zählen etwa soziale Fähigkeiten, Kommunikationsfähigkeiten und Persönlichkeitsmerkmale. Diese Soft Skills können zu besseren Führungsfähigkeiten führen, nicht zuletzt auch deshalb, da durch die Arbeit mit Kind Ihre emotionale Intelligenz zunimmt. Sie entwickeln eine bessere Empathie, können sich in Kollegen und Mitarbeiter besser hineinversetzen und haben dadurch ein neues Level der Gesprächs- und Lösungsqualität

- Kinder fordern von uns manchmal die Fähigkeit, mehrere Dinge gleichzeitig im Blick zu behalten und zu erledigen. Diese Multitasking-Fähigkeit hilft Ihnen auch im Beruf. Wenn viel los ist, dann fällt es Ihnen leichter den Überblick zu behalten und Aufgaben nach Priorität zu erledigen

Sie sehen also, dass auch Unternehmen von engagierten Vätern profitieren können, indem sie ihnen Möglichkeiten einräumen (wie etwa flexible Arbeitszeiten oder teilweise Homeoffice), ausreichend Zeit für die Familie zu finden. Auf eine Elternzeit zu verzichten, um nicht der Karriere zu schaden, ist aus empirischer Sicht kein tragbares Argument. Wenn Ihr Unternehmen ganz und gar familienunfreundlich ist, dann kann es Sinn machen über einen Wechsel nachzudenken. Hintergrund ist der, dass es während des ganzen Lebens immer wieder Dinge gibt, wo Sie für Ihr Kind da sein wollen und manchmal dringend müssen. Wenn das Unternehmen hier nicht mitspielt, kann es schon in naher Zukunft zu Konflikten und Unzufriedenheit kommen.

Klassische Rollenverteilung vermeiden

Wenn Sie als Vater in die Ernährerrolle schlüpfen, dann schadet das dauerhaft dem Aufbau einer Beziehung zu Ihrem Kind, sowie dem Verhältnis zu Ihrer Partnerin. Denn auch die Mutter kann unter ihrer Hausfrauen- und Mutterrolle leiden. Denn immer mehr Frauen streben eine Karriere an und viele sind von ihrem Beruf sehr erfüllt. Daher wollen sie irgendwann wieder ins Berufsleben zurückkehren, sich engagieren und entfalten. Je länger eine einseitige Aufgabenverteilung bei ihnen vorliegt, desto höher ist das Risiko mit seinem Leben unzufrieden zu werden. Auf der anderen Seite sorgt eine gerechte Arbeitsteilung dafür, dass sie als Eltern sich sehr wohl und ausgeglichener in ihrem Familienleben fühlen. Das sorgt für positive Energie, welche sich ebenfalls auf die Kinder auswirkt.

Damit Sie nicht unbewusst in alte Rollenmuster fallen, müssen Sie ein paar grundlegende Fragen für sich geklärt haben. Außerdem müssen klare und detaillierte Absprachen mit Ihrer Partnerin getroffen werden. Die hier aufgeführten Tipps und Fragestellungen werden Ihnen dabei helfen, sich bewusst mit dem Thema auseinanderzusetzen, Zielvorstellungen zu entwickeln und letzten Endes auch zu verwirklichen:

- Mit Elternzeit und Elterngeld haben sie als Paar viele Kombinationsmöglichkeiten, mit denen sie Kindererziehung und Beruf flexibel untereinander aufteilen können. Nutzen sie gegebenenfalls die Teilzeitregelungen des Elterngeldgesetzes, wenn sie nicht komplett aus dem Beruf ausscheiden wollen
- Wenn sie sich für ein Modell zu Arbeitsteilung entschieden haben, dann ist das nicht für alle Ewigkeit in Stein gemeißelt. Ihre Lebenssituation wird sich immer wieder verändern, nicht zuletzt, da ihre Kinder älter werden und damit viel Neues einhergeht. Überprüfen sie ihr herangehen regelmäßig und besprechen sie zusammen, ob allmählich eine Kurskorrektur erforderlich ist
- Wenn es im Beruf gerade richtig gut läuft und eine Beförderung in Sicht ist, dann können Sie eine Entscheidung treffen. Wollen Sie trotzdem Elternzeit nehmen oder muss dieser Karrieresprung unbedingt sein? Hier müssen Sie auf Ihre individuelle Situation schauen und abwägen, welche Entscheidung für Sie und Ihre Familie die beste ist

- Dasselbe gilt für Ihre Arbeitszeit und –menge. Dabei spielt der Arbeitgeber die ausschlaggebende Rolle. Viele Unternehmen sind mittlerweile sehr zuvorkommend gegenüber frischen Familien und lassen sich auf Gespräche ein. Können Sie an bestimmten Tagen eine Stunde eher nachhause? Wenn Sie Schichtarbeit machen ist es vielleicht möglich, in eine Tagesschicht mit festen Arbeitszeiten zu wechseln oder in die Nachtschicht? Ist es möglich, dass Sie im ersten Jahr mit Kind Teilzeit arbeiten und anschließend wieder Vollzeit einsteigen? Hier gibt es noch einiges an Möglichkeiten und Ideen. Erarbeiten Sie sich konkrete Vorschläge und gehen Sie gut vorbereitet in das Gespräch mit Ihrem Arbeitgeber
- Verzichten Sie erstmal auf teure Anschaffungen und Finanzierungen. Wenn Sie nicht ständig Raten bei Banken zurückzahlen müssen, sinken Ihre Ausgaben und es wird wahrscheinlicher, dass Sie auch mit einer Teilzeitstelle gut leben können. Darüber hinaus haben Sie weniger psychischen Druck, je weniger finanzielle Verbindlichkeiten Sie eingehen
- Klären Sie mit Ihrer Partnerin ab, wer welche Aufgaben im Haushalt erledigen soll. Sie können dazu auch schriftlich einen Plan erstellen und irgendwo gut sichtbar aufhängen. Dieser muss kein starres Konzept sein, sondern kann und soll mit den Veränderungen des Lebens mitgehen und sich anpassen
- Wer von ihnen beiden soll wann und wie lange arbeiten?
- Wie regeln sie die Aufteilung von Elternzeit und Elterngeld miteinander?
- Sie sollten ganz genau wissen, wie viel Geld sie drei für ihren Lebensunterhalt brauchen. Wenn sie ihre Zahlen kennen, dann wird ihnen das die Entscheidungen bezüglich der Reglung von Arbeitszeit oder –modell erleichtern. Schauen sie auch in die Zukunft, was sie sich gerne irgendwann leisten möchten und berücksichtigen sie das in ihren Überlegungen

- Wie wollen sie Beruf und Familie gemeinsam organisieren, wenn die Kinder älter sind und in den Kindergarten oder in die Schule gehen? Wer übernimmt dann welche Aufgaben?

Umdenken im Zeitmanagement

Je nachdem, was für einen Beruf Sie ausüben, haben Sie mehr oder weniger Zeit, die Ihnen für Ihr Kind zur Verfügung steht. Viele Väter pflegen bei der Arbeit einen Kalender, der alle Termine des Tages enthält. Wenn ein Kollege mit einer weiteren Aufgabe ins Büro rein kommt, dann müssen Sie oft entscheiden, ob die Aufgabe eine gewisse Priorität hat oder ob sie vernachlässigt und delegiert werden kann. Nicht selten wird daher auch privat ein Kalender geführt, bei dem ebenfalls mit der begrenzten Zeit balanciert werden muss. Sehr viele Väter denken nicht daran, nach der Geburt auch Zeiten für das Kind schriftlich festzuhalten. Das kann auch gut funktionieren, allerdings zeigt es sich immer wieder, dass insbesondere Väter, die beruflich stark gefordert werden, eher zu sporadischen Kontakten zu ihren Kindern neigen, welche oft nicht ausreichen und unzufrieden machen. Daher sollten Sie Zeiten für Ihr Kind fest einplanen und dieser Zeit große Priorität zuordnen. Sie müssen es ernst nehmen und diese Papa-Kind-Zeit nicht leichtfüßig durch vermeidlich wichtigere Aufgaben ersetzen.

Seien Sie verlässlich

Sie selber kennen Ihren Wochen- und Monatsablauf am besten. Sie wissen, wann die Zeiten hektisch sind und wo Sie sich nicht sicher sein können, ob Sie doch eine Stunde länger arbeiten müssen. Auf der anderen Seite wissen Sie aber auch, wann zuverlässige Zeiten sind, die Sie für Ihr Kind einplanen können. Wenn Sie das nicht wissen, dann ist es jetzt so weit, sich mit Ihrem Zeitmanagement zu beschäftigen. Wenn Sie keine oder zu wenig Kontrolle über Tagesabläufe und Aufgaben haben, dann ist die Gefahr sehr groß, dass Sie eine falsche Einschätzung treffen und die Termine mit Kind auf Zeiten legen, welche Sie nur selten einhalten können. Wenn Sie die Vereinbarungen mit Ihrem Kind nicht einhalten, dann wird es sehr schnell dahinterkommen und das Vertrauen in Ihre Aussagen verlieren. Denn kleine Kinder haben ein gutes Zeitgefühl und irgendwann wissen sie ganz genau, wann Sie versprochen haben nachhause zu kommen, um gemeinsam etwas zu unternehmen. Sie warten voller Vorfreude auf Sie und erwarten, dass Sie als Vater und Bezugsperson Ihre Vereinbarungen einhalten. Daher seien Sie so gut es geht verlässlich. Das wird natürlich nicht immer klappen, da es immer mal vorkommen kann, dass etwas wirklich Wichtiges dazwischen kommt, was Sie nicht aufschieben können. Dann ist es ratsam zuhause anzurufen und bescheid zu sagen. Wenn Sie allerdings Ihre Prioritäten entsprechend setzen, wird das nur selten der Fall sein. Sollten Sie merken, dass es Ihnen zunehmend schwerer fällt, Termine mit dem Kind einzuhalten, müssen Sie noch einmal Ihre Prioritäten überdenken. Denn es ist nur in den seltensten Fällen so, dass es nichts gibt, was Sie für die gemeinsame Zeit mit Ihrem Kind hinten anstellen können.

Schaffen Sie sich Freiräume

Wir haben bereits ausführlich darüber gesprochen, dass mit der Geburt Ihres Kindes auch ein Verzicht verbunden ist. Wenn Ihr Kalender absolut voll ist und Sie nur mühsam ein paar Minuten entbehren können, dann wäre der nächste Schritt zu überlegen, worauf Sie verzichten können. Was das genau ist, können nur Sie entscheiden. Oft haben wir im Laufe der Jahre Gewohnheiten und Aktivitäten festgefahren, welche wir gar nicht mehr hinterfragen und als gegeben akzeptieren, obwohl sie uns heute vielleicht gar nicht mehr so wichtig sind. Zum Beispiel haben wir mit Vätern gesprochen, die seit ihrem 16. Lebensjahr im Fitnessstudio trainiert haben. Der Sport war ihnen damals wichtig, um Muskeln aufzubauen, sich stark und wohl in ihrem Körper zu fühlen und wertschätzende Reaktionen ihrer Mitmenschen zu bekommen. Sie trainierten einige Jahre lang und wurden dann Papas. Als wir darüber gesprochen haben, worauf sie in der Woche verzichten könnten, kam schnell das Thema Sport hoch, da es meistens 4 bis 5 Tage in der

Woche für teilweise mehrere Stunden eingenommen hat. Nachdem wir uns unterhalten haben stellten Viele fest, dass es ihnen heute gar nicht mehr so wichtig ist, vor anderen gut dazustehen und immer den perfekten Körper zu haben, weil mittlerweile andere Dinge in den Fokus gerückt sind. Am Ende entschieden die meisten Männer, die Anzahl der Trainingstage in der Woche zu reduzieren oder einen anderen Trainingsplan zu verwenden, der weniger Trainingszeit in Anspruch nimmt.

Ob sportliche Aktivitäten, die Bastlerwerkstatt in der Garage oder gemeinnützige Arbeiten. Wenn Sie mit einem zielgerichteten Blick planen und Ihren Kalender freischaufeln, dann werden Sie Dinge entdecken, auf die Sie entweder verzichten oder sie reduzieren können. Die Zeit, die Sie stattdessen mit Ihrem Kind verbringen, ist etwas, was Sie so nur einmal erleben. Wenn die Zeit verflogen ist, dann können Sie diese nicht wiederbeschaffen. Machen Sie sich bewusst, was Ihnen diese Zeit wert ist und Sie werden Ihren Kalender leichter entrümpeln können.

Ganz besondere Vater-Kind-Aktivitäten

Neben spontanen Aktionen, sollten Sie regelmäßige Veranstaltungen einplanen, die sie gemeinsam als Vater und Kind unternehmen. Bei einem Baby können Sie damit beginnen, dass Sie stets dafür verantwortlich sind es zu baden oder zusammen zum Baby-Schwimmen zu gehen. Am Samstag-Nachmittag können sie später feste Zeiten vereinbaren, an denen sie sich sportlich betätigen, zum Beispiel Inline-Skaten, Fahrrad fahren oder Fußball spielen. Genauso gut können sie diesen Zeitraum dazu verwenden, um gemeinsam ein Rezept zu kochen, welches sie sich jede Woche neu aus dem Internet suchen. Durch diese gemeinsamen Erfahrungen entwickelt sich etwas Eigenes in ihrer Beziehung und das stärkt ihre Verbindung zueinander. Sie lernen sich gegenseitig besser kennen und Sie als Vater lernen so einen besseren Umgang mit Ihrem Kind. Wenn Sie diese besonderen Vater-Kind-Zeiten schön gestalten und ausleben, dann wird Ihr Kind, wenn es später groß ist, sich gerne an diese Momente und die schöne Kindheit zurückerinnern, die Sie ihm ermöglicht haben.

Mach mal langsam Papa

Als aktiver Vater stellen Sie sich einer Herausforderung, die Ihnen an die Substanz gehen kann. Neben Ihrer Arbeit, sind Sie im Haushalt beteiligt, verzichten auf lieb gewonnene Dinge und finden weniger Schlaf. Bei all dem dürfen Sie sich selbst nicht vernachlässigen. Denn wenn Sie vor Erschöpfung schlapp machen, unzufrieden oder wütend werden, dann helfen Sie damit niemandem. Daher übernehmen Sie Verantwortung für Ihr Wohlbefinden und schaffen Sie sich einen Ausgleich:

- Auch wenn Sie auf viele Dinge verzichten, sollten Sie sich hin und wieder ruhigen Gewissens einer Tätigkeit widmen, die Sie vor der Geburt ausgeübt haben, die Ihnen Spaß macht und bei der Sie abschalten können. Ganz wichtig dabei ist, dass Sie sich selbst nicht als Faulenzer abstempeln, weil Sie die Freizeit unbedingt dazu nutzen wollen, etwas Produktives zu machen. Wenn Sie sonst mit vollem Engagement bei der Sache sind, dann haben Sie sich eine Auszeit wahrhaft verdient
- Treiben Sie regelmäßig Sport. Das baut Stress ab und schüttet Glückshormone aus, die Ihnen viel Energie zurückgeben und dafür sorgen, dass Sie insgesamt besser funktionieren. Ein bis zwei Mal in der Woche reicht hier schon aus. Wählen Sie eine Sportart, die Ihnen Spaß macht und idealerweise nicht allzu viel Zeit in Anspruch nimmt. Auch Yoga ist sehr empfehlenswert, da die Übungen nicht nur Ihren Körper stärken, sondern zudem für mehr Entspannung und Gelassenheit sorgen können
- Besprechen Sie alles mit Ihrer Partnerin, denn auch sie möchte kinderfreie Zeit für sich. Klären sie ab, wann sie diese Zeiten benötigen und unterstützen sie sich dabei gegenseitig mit ihrem Kind

- Planen sie auch Zeit für ihre Zweisamkeit ein, um etwas Gutes für ihre Beziehung zu tun. Besorgen sie sich dafür einen zuverlässigen Babysitter, sodass sie beide auch mal gemeinsam abschalten und sich erholen können
- Treffen Sie sich gelegentlich mit guten Freunden und pflegen Sie diese Beziehungen so gut es geht. Wenn Sie Freunde haben, die ebenfalls Eltern sind, dann haben sie schon mal eine gute Basis für lange Gespräche und einen wertvollen Erfahrungsaustausch. Wenn die Kinder ungefähr im selben Alter sind, umso besser. Sie können dann miteinander spielen, was ihnen als Eltern etwas Luft verschafft und sie auch mal an Gesprächen mit Erwachsenen teilnehmen können
- Gönnen Sie sich etwas, um die Seele baumeln zu lassen und den Kopf abzuschalten. Dies kann etwa ein regelmäßiger Termin für eine Massage sein oder ein Besuch in der Sauna. Viele Väter meditieren zudem jeden Morgen täglich für 15 bis 20 Minuten. In einer achtsamen Meditation können Sie das Gedankenkarussell in Ihrem Kopf anhalten und das Nichtstun genießen. Das erfordert manchmal etwas Übung, hat sich allerdings bisher als eines der effektivsten Mittel zum Stressabbau und für mehr Entspannung im Alltag erwiesen

Möglicherweise gibt es in Ihrem Leben noch weitere Dinge, die speziell auf Sie zutreffen und Ihnen guttun. Wenn dem so ist, großartig! Dann tun Sie eben diese Dinge. Hauptsache Sie vernachlässigen Ihre eigene Pflege nicht, sowohl körperlich als auch psychisch. Denn ein emotional ausgeglichener Papa ist die beste Bereicherung für seine Familie.

Wir wünschen Ihnen zum Ende des Buches ganz viel Glück, Freude und schöne Momente mit Ihrem Kind, auf dass Sie die Vaterschaft wie ein Profi meistern werden und Ihren ganz eigenen Weg als Vater finden!

Impressum

Copyright © 2021 Theodor Nachtigall

als Pseudonym für Alexander Pauls

Walnussweg 4
32339 Espelkamp

E-Mail: a-kdp@gmx.de

Alle Rechte vorbehalten

ISBN: 978-3-9822173-3-8

Printed in Poland
by Amazon Fulfillment
Poland Sp. z o.o., Wrocław

86647973R00081